科学巨人

中国科学家的榜样故事

梁思成

松　鹰　主编
紫　樱　编著

童趣出版有限公司编　人民邮电出版社出版
北　京

图书在版编目（CIP）数据

梁思成 / 松鹰主编 ; 紫樱编著 ; 童趣出版有限公司编. -- 北京 : 人民邮电出版社, 2023.6
（科学巨人. 中国科学家的榜样故事）
ISBN 978-7-115-61609-8

Ⅰ. ①梁… Ⅱ. ①松… ②紫… ③童… Ⅲ. ①梁思成（1901-1972）－生平事迹－少儿读物 Ⅳ. ①K826.16-49

中国国家版本馆CIP数据核字(2023)第065123号

主　　编：松　鹰
编　　著：紫　樱
责任编辑：张凌云
执行编辑：崔佳琪
责任印制：李晓敏
美术编辑：段　芳
排版制作：曹雨锋工作室

编　　：童趣出版有限公司
出　　版：人民邮电出版社
地　　址：北京市丰台区成寿寺路 11 号邮电出版大厦（100164）
网　　址：www.childrenfun.com.cn

读者热线：010 - 81054177　　经销发行：010 - 81054120

印　　刷：天津千鹤文化传播有限公司
开　　本：880 × 1270　1/32
印　　张：5.25
字　　数：120 千

版　　次：2023 年 6 月第 1 版　2024 年 8 月第 3 次印刷
书　　号：ISBN 978-7-115-61609-8
定　　价：28.00 元

序

梁思成是中国著名建筑学家、古建筑保护的标志性人物、中国建筑学界的“一代宗师”，毕生致力于中国的古建筑研究和建筑学教育事业。他在青年时代赴美国宾夕法尼亚大学建筑系学习，并游历欧洲，回国后创办了中国第一个建筑系。中华人民共和国成立后，他一直担任清华大学建筑系主任，奋斗在教学第一线，为中国培养了大批建筑人才。梁思成热爱党、热爱社会主义，积极投身于中国的建设事业，他是中华人民共和国国徽和人民英雄纪念碑的主要设计者，还作为中国唯一的代表参加了联合国大厦的设计工作。

无论疾病还是艰难的生活都无损于他们对自己的开创性研究工作的热情。就是在战时的这一时期，梁思成用英文写成了《图像中国建筑史》。在我们的心目中，他们是不畏困难、献身科学的崇高典范。

——美国著名学者　费正清

这两位（梁思成、林徽因）非凡的人物，他们生活在一个剧变的时代中，历尽磨难，处处受到生存的威胁，但仍能坚持下去，为中国建筑研究作出伟大的贡献，这是一件了不起的事。

——美国著名汉学家　费慰梅

在我们这些学生眼中，梁思成从来就是我们的一位可敬可爱的良师益友。

——梁思成学生、清华大学教授　楼庆西

我的祖国正在灾难之中，我不能离开她，假使我必须死在刺刀或炸弹下，我也要死在祖国的土地上。

——梁思成

一个民族的自大和自卑，都源自于对于本民族历史文化的无知。只有了解自己的过去，才能站在客观的立场上，产生深沉的民族自尊。

——梁思成

建筑师的知识要广博，要有哲学家的头脑，社会学家的眼光，工程师的精确与实践，心理学家的敏感，文学家的洞察力……但最本质的，他应当是一个有文化修养的综合艺术家。

——梁思成

前言

中国因他们而骄傲

这套《科学巨人 中国科学家的榜样故事》系列丛书共 10 本，由松鹰主编和统稿，邀请国内多位作家参加撰写。主要介绍 10 位中国的科学家，他们分别是詹天佑、茅以升、李四光、竺可桢、梁思成、林巧稚、华罗庚、钱学森、邓稼先、袁隆平。

詹天佑是中国杰出的爱国工程师，他主持修建了中国自主设计并建造的第一条主干铁路——京张铁路，被誉为“中国铁路之父”；茅以升是中国桥梁事业的先驱，他主持设计并组织修建的中国第一座现代化大型桥梁——钱塘江大桥，成为中国铁路桥梁史上的一座里程碑；李四光是“中国地质学之父”，他为中国甩掉“贫油”的帽子，为创立地质力学理论做出了重大贡献；竺可桢是中国近代地理学和气象学的奠基者、中国物候学的创始人；梁思成是中国著名建筑学家、古建筑保护的标志性人物；林巧稚是中国妇产科学的奠基人之一、北京协和医院第一位中国籍妇产科主任，也是首届中国科学院唯一的女学部委员（现称院士）；华罗庚是国际数学大师，被誉为“中国现代数学之父”；钱学森是“中国航天之父”，由于他的卓越贡献，中国的航天事业向前推进了至少 20 年；邓稼先是“两弹一星”功勋科学家，为中国核武器的研发做出了杰出的贡献；袁隆平是“杂交水稻之父”，他为中国乃至世界粮食安全做出了巨大贡献。

这 10 位中国科学家，是中国科技事业的先驱者，是中国多个科技领域的旗手。他们为中国近现代科技的发展做出了巨大贡献，在世界范围内也享有盛誉。他们为伟大的祖国争了光，不愧是中国的骄傲！

这10位科学家的身上有许多宝贵的东西，值得我们学习。一是爱国主义情怀。詹天佑幼年留学美国，回国后用学到的工程技术知识，投身于中国初期的铁路事业。在此之前，中国只有几条铁路，而且都是由外国工程师主持修建的。詹天佑是第一位在中国成功主持修建铁路干线的中国工程师，在铁路工程技术领域打破了外国人的垄断。茅以升、李四光、竺可桢、梁思成、华罗庚和钱学森这些科学家，早年也都曾出国留学，并

且事业有成。他们毅然放弃国外优厚的待遇，有的还克服重重阻挠，回到祖国的怀抱，用所学报效国家和人民，为中国科技的发展做出了开创性的贡献。茅以升在 20 世纪 30 年代主持设计并组织修建了中国第一座现代化大型桥梁——钱塘江大桥，为中国桥梁事业做出了突出的贡献。邓稼先是美国普渡大学的博士，1950 年，他毅然回国，投身于我国核武器的研制，为祖国的强盛做出了不可磨灭的贡献。

二是勇攀高峰的创新精神。华罗庚只有初中文凭，但是他自学完成了高中和大学低年级的全部数学课程，20 岁时就以一篇论文轰动数学界。他不迷信权威，勇攀世界数学高峰，在多复变函数论、矩阵几何学等方面的成就卓越，被公认为国际数学大师。袁隆平是中国杂交水稻事业的开创者，是当代“神农”。几十年来，他始终在农业科研第一线辛勤耕耘、不懈探索，运用科技手段为人类战胜饥饿带来绿色的希望和金色的收获。李四光在科学研究上独立思考，不迷信外国权威，创立了地质力学理论，为中国找到了大量的石油资源和稀有矿藏，为中国甩掉“贫油”的帽子做出了重大贡献。他晚年还壮心不已，抱病对地震预报、地热开发等做了大量研究。

三是可贵的奉献精神。邓稼先为了研制中国的核武器，隐姓埋名 20 多年，但他从不后悔。袁隆平从事杂交水稻研究半个多世纪，呕心沥血，苦苦追求，其卓越成就，不仅为解决中国人民的温饱问题和保障国家的粮食安全做出了贡献，更为世界和平和社会进步树立了丰碑。竺可桢在气象学、气候学、地理学、物候学、自然科学史等方面的造诣很深。他始终从科学的视角，关注着中国的人口、资源、环境问题，是“可持续发展”的先觉先行者。林巧稚不仅医术高明，她的医德、医风、奉献精神更是有口皆碑，她心中始终装着妇女、儿童。林巧稚一生接生了 5 万多个婴儿，她把每一个婴儿都看作自己的孩子。

此外，梁思成为了保护中国古建筑文化遗产不遗余力。作为中国著名建筑学家、古建筑保护的标志性人物、中国建筑学界的一代宗师，他毕生致力于中国古建筑的研究和中国的建筑教育事业，为祖国培养了大批建筑人才。美国学者费正清称赞梁思成、林徽因夫妇说：“无论疾病还是艰难的生活都无损于他们对自己的开创性研究工作的热情。就是在战时，梁思成依旧用英文写成了《图像中国建筑史》。在我们的心目中，他们是不畏困难、献身科学的崇高典范。”

松鹰

梁思成生平简历
1901—1972

1901
4 月 20 日，出生于日本东京。

1915
进入清华学校读书。

1924
与林徽因同赴美国宾夕法尼亚大学求学。

1927
获得建筑学学士学位，同年获得硕士学位。

1928
与林徽因在加拿大渥太华结婚，游历欧洲，回国创办东北大学建筑系。

1931
安家北平，出任中国营造学社法式部主任。

1932—1937

到全国各地实地调研古建筑。

1937—1946

携全家逃亡西南，坚持进行中国古建筑学术研究。

1946

出任清华大学建筑系主任，赴美国讲学。

1949

被聘为中国人民政治协商会议筹委会“国旗国徽初选委员会”顾问。

1950

被任命为北京市都市计划委员会副主任。

1952

提出的人民英雄纪念碑设计方案被采用。

1972

1月9日，因病逝世。

Contents 目录

引言

他出身名门，父亲是著名的启蒙思想家梁启超。

他自幼受到良好的家庭熏陶和学校教育，曾于美国宾夕法尼亚大学学习建筑学，把艺术与建筑科学很好地结合起来，形成了独特的建筑学理念。

他是我国建筑学教育事业的开拓者，回国后创建我国第一个建筑系——东北大学建筑系，后来又创办了清华大学营建学系。抗日战争期间，在那段艰难困苦的日子里，他依然与同为建筑学家的妻子林徽因一道致力于中国建筑史的研究，向世界介绍中国古建筑及其结构原理，使中国古建筑在国际上闪耀光芒。

他有一颗拳拳爱国心。在国难当头的抗日战争时期，美国友人费正清劝他和妻子去美国工作和治病，他说："我的祖国正在灾难之中，我不能离开她，假使我必须死在刺刀或炸弹下，我也要死在祖国的土地上。"

中华人民共和国成立后，他领衔设计了中华人民共和国国徽和人民英雄纪念碑，并为保护北京城的古建筑奔走呼号。

"追求真理和良知的执著"是他一生恪守的信念，也是他留给后世的宝贵精神财富。

他就是我国著名的建筑学家、中国建筑学界的"一代宗师"梁思成。

1987 年，梁思成和他所领导的科研集体，因在"中国古代建筑理论及文物建筑保护研究"中做出的重要贡献，被授予国家自然科学奖一等奖。2000 年，中华人民共和国建设部和中国建筑学会共同创立"梁思成建筑奖"，这是授予中国建筑师的最高荣誉，用以表彰在建筑设计创作中做出重大贡献和杰出成绩的建筑师。

让我们翻开这本书，去了解一代学术大师美好的心灵与传奇的人生，领略二十世纪中国知识分子不凡的精神历程和深挚的爱国情怀……

第一章 | 青少年时代

出身名门

1901年春，日本东京，春风和暖，樱花烂漫。4月20日，流亡日本的梁启超的家里充满了欢乐喜庆的气氛。这天，他的结发夫人李惠仙生下一个儿子。孩子的降生给全家人带来了莫大的欢乐，作为父亲，梁启超自然为孩子的降生感到格外高兴，但他也许没有料到，他的爱子日后会成为二十世纪中国首屈一指的建筑学家，这个孩子就是梁思成。

梁思成的父亲梁启超是中国近代著名的启蒙思想家、教育家和政治活动家。他学识渊博，著述丰富，博古通今，著有《饮冰室合集》等作品。梁启超自幼聪慧，受半耕半读的父亲影响，六岁从父读书，八岁即能作诗文，十六岁中举。梁启超生于同治十二年（1873年），那是中国处于内忧外患的时代，也是西学渐渐传入中国的时代，他较早地受到了西方民主和科学思想的影响，认识到了清政府的腐朽统治。他于1895年赴北京参加会试，随康有为发动“公车上书”，后任上海《时务报》总编辑，宣传维新变法，主张君主立宪的改良主义。1898年，梁启超和康有为一起领导戊戌变法，变法运动失败后，为清政府所通缉，遂流亡到了日本。

梁思成的母亲李惠仙，祖籍贵州，出身官宦世家。李惠仙的堂兄李端棻时任清政府的礼部尚书，在一次科举考试中，担任主考官的李端棻发现来自广东的考生梁启超仪表堂堂、聪明机敏、才智超群。李端棻极为赏识梁启超的才干，于是亲自做主将待字闺中的堂妹李惠仙许配给了梁启超。

李惠仙比梁启超大四岁，与梁启超结婚后即随丈夫赴广东老家定居。一年后，李惠仙生下大女儿思顺，后来又生下一个男婴，但那男婴不幸夭折了。戊戌变法失败后，为躲避清政府的迫害，李夫人随梁家族人一同避居中国澳门，后辗转去到日本东京与梁启超团聚，并在那里生下了梁思成。

快乐的童年

梁思成的童年是在日本度过的。梁启超刚到日本时，住在东京，后来又搬到横滨。但几个孩子陆续降生，再加上寄居的亲戚家的孩子，原来的住处已经住不下了。当地一位华侨把自己在神户郊外须磨海滨的一幢别墅借给梁启超全家居住。这里依山傍海、环境优美，山上种植着大片的松树，夜深人静之时，常可以听到阵阵的海涛声和松涛声。于是，梁启超将这幢名叫“怡和山庄”的别墅改名为“双涛园”。

双涛园的后山上是大片的松林，经年累月，地上积了厚厚的松叶，在松软腐烂的松叶上，生长着鲜嫩的蘑菇，人们称之为“松蘑”。梁思成的父母常带着孩子们一起上山采松蘑吃。对梁思成来说，那是一段令他难忘的童年时光。他和兄弟姐妹一起生活在双涛园，一起嬉戏、打闹，一起发呆、学习。这群孩子被梁启超亲切地称为“双涛园群童”。

梁思成幼年的这段日子，梁家在生活上相对比较安定。梁启超在日本仍忙于开展革命活动。同时，他也很关心孩子们的成长，专门请了用人来照料孩子们的生活，后来还送他们去神户的同文学校上小学，这是梁启超专门为华侨子弟创办的一所

学校。

梁思成那时学习就很用功。从他们的住处到神户的学校要乘上一小段路的火车，他每天带着做好的饭团上学，中午在学校里吃自带的饭团，到晚上才能回到家里。幼年的这段求学经历给梁思成留下了非常深刻的印象，直到晚年他还时常梦到坐火车上学的情景。

放暑假的时候，梁启超便带领全家去海滨游玩。他请了一位退役的海军军官教孩子们游泳，孩子们个个都成了游泳能手。有一年夏天，梁启超的老师康有为到海边看望他们。康梁二人因政治主张不同，展开了激烈争论。梁思成和梁思永为了“教训”惹得父亲生气的康有为，在游泳时悄悄潜游到康有为身边偷偷地揪他的胡子，弄得这位“康南海”先生哭笑不得。

梁启超平素喜爱喝酒。每天晚饭后，孩子们都围坐在一个小圆桌旁，梁启超边喝酒边给他们讲古代大英雄的故事。与梁启超的家乡新会县茶坑村相邻的崖门是南宋忠臣陆秀夫等人的殉国处，当地建有三忠祠纪念他们。梁启超从小就崇拜这些英雄，现在他也给孩子们讲陆秀夫为保护大宋朝幼主与元军殊死奋战的故事，孩子们常常听得眼泪汪汪，爱国英雄的不朽形象也在这些幼小的心灵里深深地扎下了根。梁家兄弟姐妹后来历尽磨难，却不改赤子之心，这跟梁启超平素对他们潜移默化的影响是分不开的。

梁家给所有孩子——包括夭折的孩子——都排了大小，梁思成在男孩儿中排第二，所以弟弟妹妹们喊他二哥。梁家的孩子长大成人的有九人，年龄相差较大。梁思成比姐姐梁思顺小八岁，比最小的弟弟梁思礼大二十三岁。在一众兄弟姐妹中，梁思成、梁思永、梁思庄三人年龄相仿，也最要好。

梁思成和梁思永两个哥哥都非常疼爱妹妹梁思庄，但偶尔也会淘气一下，搞点儿恶作剧。在嬉笑打闹之中，兄妹感情反而越发好了。妹妹梁思庄长大后的生活也常常是由两位兄长帮忙安排的。梁思庄结婚前一直住在梁思成的家里，梁思成特地为梁思庄的小屋设计了一套家具，木底色漆黑边，美观、淡雅，有书桌、书架、五屉柜、沙发床，床头还设有一个小巧的梳妆台和一面镜子，样式别致新颖。梁思庄结婚时，梁思成一家还为她操办了婚事。

意气风发少年时

1911 年，孙中山领导的辛亥革命取得胜利，推翻了腐朽没落的清政府。梁启超流亡海外十四年后，终于在 1912 年回到阔别已久的祖国。不久，梁思成随全家人回到天津的家中，此时，他已是一位清俊少年。

在天津，梁家原先在海河边的意大利租界里有一栋两层的西式楼房。从日本回来后，家里添了许多人口，梁启超觉得原来的房子小了，也有些陈旧，于是聘请意大利建筑师新设计建造了一栋二层小洋楼。这栋小洋楼首层是书斋，梁启超将这里命名为“饮冰室”，自号“饮冰室主人”。

在天津的家中，梁思成感受到一种暖融融的家庭气氛。晚饭时分，一家人齐聚一堂。孩子们总是性急地匆匆吃完饭，梁启超和妻子则慢条斯理地啜着陈年老酒，一家人边吃边交谈。梁启超有时会向孩子们谈起他正在研究的课题，他的研究范围非常广，涉及文学、历史、政治、哲学，他特别重视对国学的研究。孩子们总是十分感兴趣地听梁启超谈论着历史人物和各家学说。梁启超还在家中开设课堂，亲自给家里的孩子们讲课。

1913年，梁启超被北洋政府任命为司法总长。随后，梁思成、梁思顺等几个年龄稍大的孩子也来到北京与他一同居住。梁启超虽然有繁忙的公务、频繁的政治活动和学术活动，但他丝毫没有放松对孩子们的教育。梁启超一方面受西方思想的影响，在家庭中对孩子们实行开明政策；另一方面又受儒家传统道德思想的浸染，要求孩子们具备“仁、义、礼、智、信”的品德。同时他又十分尊重孩子们的爱好和志向，注意听取他们的意见，并根据每个孩子的不同特点，帮助他们选择合适的学校和专业，充分发挥他们的特长。

到北京以后，梁思成先后进入北京汇文学校和崇德学校高小读书。1915 年，梁思成进入清华学校（清华大学前身，下文简称“清华”）学习。此前的 1914 年，梁启超已逐渐远离政界，应清华的邀请担任导师，潜心研究他的学问去了。

梁思成学习成绩优秀，兴趣也十分广泛。他素描画得很棒，在清华校刊做过美术编辑。他还酷爱音乐，是清华艺术俱乐部的成员，师从菲律宾人范鲁索学习小提琴，还学习过钢琴。1918 年，清华成立管乐队，由荷兰人海门斯担任指挥，梁思成担任乐队队长，吹第一小号，同时也擅长吹短笛。他还可以唱男低音和男中音两个声部，曾参加校合唱团。梁思成的体育也很好，他是体育教育家马约翰先生的得意弟子，不仅是足球健将，还在全校运动会上得过跳高第一名，他的单双杠和爬绳技巧也很高超。

梁思成在清华的八年时间里，受到了比较全面的教育。他在艺术方面的学习和长期的体育锻炼，为他以后从事古建筑研究事业打下了良好的基础。在清华，他还系统地学习了英语和西方现代科学知识，由于当时清华的教学体制还不够完善，学习这些知识花费了太长时间。梁思成后来回忆说："我很感谢母校对我的培养，那时学校在生活上对我们管得很严，清华有不少大官阔佬的子弟，但是不管家里寄多少钱来，都由斋务处掌管，学生花钱要记账，周末交斋务处检查，乱花钱不记账要记过的。但另一方面学校提倡各种社团活动，对培养学生的民主精神，对学生的全面发展很有好处，只是学制太长了些，我看不用八年，最多五年就够了。"由此可见，梁思成良好品格和独立自主思想的养成，与清华校风不无关系。

学生时代的梁思成就已经有些与众不同之处了。他具有冷静而敏锐的政治头脑，同学们称他是"一个有政治头脑的艺术家"。他也不乏政治热情，在 1919 年的"五四运动"中，他是清华学生的小领袖之一，还是清华"爱国十人团"和"义勇军"的中坚力量。无疑，梁思成是有政治才能的，他后来选择

成为建筑学家而非投身政治，也许和父亲对他的影响有关。梁启超为了实现自己的救国理想，早年投身政治活动，发动戊戌变法，几经沉浮，几乎性命不保，流亡异域。政治上的失意使他深深认识到只有教育才能救国，晚年他退出政界，致力于文化教育和学术研究。

梁启超让孩子们在清华接受西方文化教育，同时也十分重视孩子们的国学教育，每逢假期，他便亲自为孩子们讲授国学。梁启超非常注意培养孩子们乐观、开朗、坚强的性格。他曾说："我生平对于自己所做的事，总是做得津津有味，而且兴会淋漓，什么悲观咧，厌世这种字，我所用的字典里头，可以说没有。”他还说：“凡人必常常生活于趣味之中，生活才有价值。若哭丧着脸挨过几十年，那么生命便成了沙漠，要来何用？”

在清华的学习和父亲的教育使梁思成养成了乐观开朗、不断进取、百折不挠、自强不息的性格，为他一生的事业奠定了良好的思想基础。他后来历经艰难困苦，却很少悲观，从不抱怨，遇事大多能够泰然处之。

梁门英才

梁家兄弟姐妹在父亲梁启超的言传身教下，个个成才，他们之中共计出了六位学者、两位职业革命者、一位军官，堪称奇迹。

梁思成的大姐梁思顺，1893 年出生于广东新会，自幼爱好诗词和音乐，直接受教于父亲梁启超。在日本时，她曾做过梁启超的私人秘书兼日语翻译。梁思顺与马来西亚华侨子弟周希哲结婚，北洋政府时期，周希哲曾出任驻菲律宾、缅甸和加拿大的外交官，梁思顺以外交官夫人身份随丈夫在国外生活多年。她精通日语和英语，早年著有《艺蘅馆词选》。抗日战争期间，她一直保持着高洁的操守，坚决不为日本人做事，并积极为防痨协会筹款，赞助设立在北京西山的青年学生肺病疗养院。抗日战争胜利后，她拒绝担任国民党政府的“国大代表”，并且通过协和医院向解放区捐赠衣物。中华人民共和国成立后，她曾任中央文史馆馆员。

三弟梁思永，1904 年出生于日本，著名考古学家。1923 年毕业于清华留美预备班，随后赴美国哈佛大学研究院攻读考古学和人类学。1930 年，他从哈佛大学获得硕士学位，回国后在历史语言研究所考古组工作。中华人民共和国成立后，他满怀热情地投入到新中国的考古事业中，1950年被任命为中国科学院考古研究所副所长。他患有严重的肺结核，长期抱病工作，终因劳累过度，于1954年病逝。梁思永是我国第一个正式受过西洋近代考古学教育的学者，是考古界公认的中国近代考古学和近代考古学教育的开拓者之一。

四弟梁思忠，1907年出生于日本，先后在美国弗吉尼亚军事学院和西点军校学习。他回国后加入国民革命军，很快升任十九路军炮兵上校。他于1932年在上海参加淞沪会战，表现出色。可不久后，他饮用了路边的污水，得了腹膜炎，由于延误治疗而去世了，年仅二十五岁。

三妹梁思庄，1908年出生于日本，著名图书馆学家，获得加拿大麦吉尔大学文学学士学位和美国哥伦比亚大学图书馆学学士学位。学成回国后，她先后任燕京大学图书馆主任、北京大学图书馆副馆长、中国图书馆学会副理事长等职。她一生致力于西文编目工作，是中国图书馆学首屈一指的专家，于1986年病逝。

五弟梁思达，1912年出生于日本，长期从事经济学研究工作。他于1935年毕业于南开大学经济系，后留校读硕士研究生。1949 年，他到北京国务院外资企业局（后改为中央工商行政管理局）任职。

五妹梁思懿，1914 年出生于北京。她早年就读于燕京大学，先是学医，后改学历史，曾参加“中华民族解放先锋队”，是“一二·九”运动的学生骨干。她于 1941 年到美国学习，1942 年毕业于南加州大学历史系，1949 年中华人民共和国成立前回国。她一直从事对外友好联络工作，多次代表中国参加国际红十字会议。她是第六届全国政协委员。1988 年在北京病逝。

六妹梁思宁，1916 年出生于上海。她早年在南开大学读书，抗日战争的爆发使她学业中断。1940 年，她在梁思懿的影响下投奔新四军。

梁思成最小的弟弟梁思礼，1924 年出生于北京，是著名的火箭控制系统专家。梁思礼是梁启超最小的儿子，聪明伶俐，深受全家人的宠爱，梁启超亲昵地叫他“老白鼻”（“老 baby”）。当他的大哥哥、大姐姐们都在外求学时，他就成了陪伴父亲左右的孩子。可惜他五岁时父亲就去世了，由母亲将他哺育成人。1941 年，梁思礼随梁思懿赴美留学，苦读八年获得美国辛辛那提大学博士学位。1949 年回国后，梁思礼以

藝蘅館

饱满的热情投入到了我国的航天事业建设中。他是我国航天事业的开拓者之一，是我国导弹控制系统的带头人，为我国航天事业做出了重要贡献。他于 1993 年当选为中国科学院院士。

梁家兄弟姐妹在各自的领域取得了卓越的成就，成为所属行业的专家。他们不是靠父亲的名声，而是“滴自己的汗，吃自己的饭”（陶行知语），但是这一切与父亲的教育不无关系，他们都从父亲那里继承了强烈的爱国精神和严谨的治学作风。

意外的车祸

1915 年 5 月 7 日，日本向袁世凯政府下达最后通牒，要求中国不加修改地接受“二十一条”中的诸多要求。八年后的 1923 年，北京各大专院校的学生决定在 5 月 7 日举行集会纪念“国耻日”。此时，梁思成已经从清华毕业，正在准备前往美国留学。这天，梁思成骑着大姐梁思顺送给他的摩托车，带着弟弟梁思永一起去参加“国耻日”集会活动。行至南长街口，北洋政府陆军部次长金永炎的轿车横撞过来，兄弟两人当即被撞倒在地。梁思永满面鲜血直流，但实际受伤较轻。而梁思成被压在摩托车下，他的右腿骨折了，脊椎也受了伤。为此事，李惠仙找上北洋政府告状，直到金永炎和北洋政府总统出面向梁家赔礼道歉才算作罢。

梁思永在医院住了一个星期就出院了，而梁思成却由于医生的误诊，错过了最佳治疗时机。一开始，医生认为梁思成也是轻伤，后来才发现他不仅右腿是复合性股骨骨折，脊椎也受到了严重损伤。梁思成在医院共接受了三次手术治疗，但腿骨依然没接好，从此他的右腿明显比左腿短了一厘米，脊椎留下的病痛也折磨了他一生。

意外的车祸使梁思成原定的赴美日期推迟了一年，他感到很焦虑。在这段难熬的日子里，父亲梁启超教导他利用这一年的时间研读国学，从中国古代的灿烂文化中汲取营养。

早在梁思成住院期间，梁启超就开始让他读《论语》和《孟子》，并告诉他："吾欲汝在院两月中取《论语》《孟子》温习暗诵，务能略举其辞，尤于其中有益修身之文句……可益神志，且助文采也。更有余日读《荀子》，则益善。"

这段时间对国学的研习，使梁思成受益终生。梁启超对梁思成在国学研习方面的督促和培养，为他后来研究中国建筑史打下了基础。梁思成后来能对宋代的建筑学典籍《营造法式》进行研究并完成《营造法式注释》一书，就得益于他扎实的国学功底和古文字知识。他能顺利地研究中国建筑史和中国雕塑史，与父亲早年对他进行的国学、史学教育有很大关系。后来的事实证明梁启超是富有远见的，梁思成在研究中国古建筑的过程中所写的学术考察报告，不但有重要的学术价值，而且文采四溢、篇章华美、引经据典，能给读者带来丰富的知识和美好的艺术感受。

初识才女林徽因

在梁思成受伤住院的这段日子里，才女林徽因陪伴在他身边。

林徽因出生于 1904 年，比梁思成小三岁，祖籍福建。她的父亲林长民早年东渡日本留学，在日本早稻田大学学习政治经济科，获得学士学位，回国后成为一名政治家。

林徽因聪明、漂亮，林长民把她视为掌上明珠。1920 年夏，林徽因随父亲到了英国伦敦。她在伦敦圣玛丽学院读书，很快就掌握了一口流利的英语。1921 年 10 月，林长民忙完了公务，便带着林徽因回到北京。

梁启超和林长民志同道合，是多年的老朋友，早就有意结为儿女亲家。林家父女回国后，梁思成登门拜访。在梁思成看来，林徽因具有典型的东方少女气质，她美丽、清纯、聪明、活泼，特别是她微笑时浅浅的酒窝，还有那双会说话的杏眼，使她看上去更加迷人。林徽因落落大方，不会故作矜持，她和梁思成谈起在英国的生活——月光下美丽的康河，圣玛丽学院精致的建筑，地中海上空的信天翁和温润的海风。这些陌生而又奇妙的事物经过林徽因充满诗意的描述，令梁思成心驰神往。

林徽因还告诉梁思成自己想学建筑，梁思成问她什么是建筑。林徽因说建筑是一门集艺术与工程技术于一体的学科，它将艺术创造和实际用途结合起来，综合许多种艺术门类于一体。林徽因天生喜欢艺术，建筑正是她想学习的专业。

梁思成原本打算学习美术，听林徽因这么一讲，他顿时对建筑产生了浓厚的兴趣。这次不经意的谈话，竟决定了他们两人今后一生的事业和生活道路。

林徽因后来成为我国第一位女建筑学家，同时她又是一位才华横溢的诗人和作家。她兴趣广泛、多才多艺，在建筑学、美学、文学等许多方面都有相当高的造诣。

林徽因旅居英国时，深受英国浪漫主义诗人和唯美派诗人影响，这激发了她与生俱来的艺术潜能，使她写下了许多优美的诗篇。她的诗作细腻委婉、单纯明净，很讲究绘画美、建筑美和音乐美。

林徽因的文学才能不仅表现在诗歌领域，她还尝试创作了不少散文、小说、剧本。她创作的四幕话剧《梅真同他们》曾由燕京剧社排演，剧作家赵太侔、丁西林、余上沅以及作家沈从文、杨振声都观看了演出，并给予剧本很高的评价。林徽因的小说有《窘》《吉公》《文珍》《绣绣》《九十九度中》等，

其中，《九十九度中》当时受到文学评论家李健吾先生的好评。

林徽因后来和梁思成合写的许多建筑学论文也极富文学情韵，文字优美、生动俏丽，体现出非凡的才情。她与梁思成合作为《大公报》文艺副刊设计插图，还选编了《大公报文艺丛刊小说选》。

林徽因还参加过新月社举办的多种文艺活动。1924 年印度大诗人泰戈尔访华期间，新月社为庆祝泰戈尔的六十四岁生日，组织演出了出自印度史诗的短剧《齐德拉》，由林徽因饰演女主角公主齐德拉。她的精彩表演得到了泰戈尔的赞扬。

携手留学的日子

1924年6月，梁思成和林徽因共同赴美国留学。9月，他们来到美国的宾夕法尼亚大学学习建筑，由于建筑系不招女生，林徽因只好在美术系注册入学，梁思成则如愿进入建筑系。回想当初，他是受林徽因的启发而钟情于建筑的，遗憾的是林徽因自己却未能如愿。不过，林徽因后来选修了建筑系的课程，而且凭借自己的聪慧，当上了建筑设计课的助教。她始终不曾真正离开自己热爱的建筑艺术。

宾夕法尼亚大学位于美国费城，是美国常春藤大学联盟中的一员。它创立于十八世纪，不仅学术气氛浓厚，而且学术思想活跃，梁思成就读的建筑系，是该校有名的院系之一，有许多著名的建筑师在这里任教。其中就有著名的法国建筑大师克雷，他早年在法国巴黎美术学院学习，受过严格的专业训练，是当时欧美较有影响力的“学院派”代表人物。克雷设计的华盛顿泛美联盟大厦、联邦储备局大厦和底特律艺术学院校舍，都是美国有名的经典建筑。

当时，宾夕法尼亚大学的建筑学教育流行“布杂艺术”，单纯注重形式美，注重模仿历史建筑，而不考虑使用不断出现的新建筑材料和新技术去创造与之相适应的新的建筑形式。

梁思成逐渐对这种生搬硬套的学习方法产生了怀疑，觉得这样学习下去自己也许会变成一个毫无创意的画匠，而不是建筑师。他给父亲写了一封信，诉说自己的苦恼和想法。

父亲梁启超在回信中说：

“你觉得自己天才不能符你的理想，又觉得这几年专做呆板工夫，生怕会变成画匠。你有这种感觉，便是你的学业在这时期内将发生进步的象征，我听到欢喜极了。孟子说：‘能与人规矩，不能使人巧。’凡学校所教与所学不外规矩方面的事，若巧则要离开了学校才能发现。规矩不过是求巧的一种工具，然而终不能以此为教，以此为学，正以能巧之人，习熟规矩后，乃愈其巧耳。……况且一位大文学家、大美术家之成就，常常还要许多环境与及附带学问的帮助。中国先辈说要‘读万卷书，行万里路’。将来你学成之后，常常找机会转变自己的环境，扩大自己的眼界和胸襟，到那时候或者天才会爆发出来，今尚非其时也。

“关于学业，我有点意见。思成你所学太专门了，我愿你趁毕业后一两年，分出点光阴多学些常识，尤其是文学或人文科学中之某部门，稍微多用点工夫。我怕你因所学太专门之故，把生活也弄成过于单调。……我是学问趣味方面极多的人，我之所以不能专职有成皆在此，然而我的生活内容异常丰富，能够永久保持不厌不倦的精神，亦未始不在此。……我虽不愿你们学我那泛滥无归的短处，但最少也想你们参采我那烂漫向荣的长处。我这两年来对我的思成，不知何故常常会有异兆的感觉，怕他会走入孤峭冷僻一路去。我希望你回来见我时，还我一个三四年前活泼有春气的孩子，我就心满意足了。这种境界，固然关系人格修养之全部，但学业上之熏染陶熔，影响亦非小。因为我们做学问的人，学业便占却全生活之主要部分。学业内容之充实扩大，与生命内容之充实扩大成正比例。……这些话许久要和你讲，因为你没有毕业之前，要注意你的专门，不愿你分心，现在机会到了，不能不慎重和你说。你看了这信意见如何，无论校课如何忙，必要回我一封稍长的信，令我安心。”

看了父亲的信，梁思成受到很大启发，他很快调整了学习方法，一边学习专业知识，一边培养广泛的兴趣爱好，扩大知识面。

梁思成的好友陈植先生回忆起他在宾夕法尼亚大学学习的情况时说：

“在宾大，思成兄就学期间全神以赴，好学不倦给我以深刻的印象。我们常在交图前夕彻宵绘图或渲染，他是精益求精，我则在弥补因经常欣赏歌剧和交响乐而失去的时间。在当时‘现代古典’之风盛行的影响下，思成兄在建筑设计方面鲜落窠臼，成绩斐然，几次评为一级。他的设计构图简洁，朴实无华，亦曾尝试将建筑与雕塑相结合，以巨型浮雕使大幅墙面增添风韵。他的渲染，水墨清澈，偶用水彩，则色泽雅淡，明净脱俗。除建筑设计外，思成兄对建筑史及古典装饰饶有兴趣，课余常在图书馆翻资料，作笔记，临插图，在掩卷之余，发思古之幽情。宾校的博物馆与建筑系近在咫尺，规模不大，但名闻遐迩，藏有我国古代铜、陶、瓷等文物，其中最令人感叹的是唐太宗陵墓的‘六骏’之一，竟被盗卖而存于异邦的博物馆。思成兄、徽因与我每往必对这一浑厚雄壮的浮雕凝视默赏。思成兄本人又常徘徊于佛像与汉唐冥器之间。考古已开始从喜爱逐渐成为他致志的方向。”

梁思成在宾夕法尼亚大学读一年级时，曾选修过为二年级学生开设的一门课程，它是由建筑史教授阿尔弗莱德·古米尔讲授的。听过几次课以后，他告诉古米尔教授自己非常喜欢建筑史。古米尔教授向他询问了有关中国建筑史的情况，梁思成说中国人还没有把建筑当作一门艺术，他也没有看到中国建筑史方面的专著。也许，这件事是他后来编写《中国建筑史》的最初动因。梁思成自己也和朋友们谈过这方面的感想，他说：

“在宾大学习时，看到欧洲各国对本国的古建筑已有系统的整理和研究，并写出本国的建筑史，唯独中国，我们这个东方古国，却没有自己的建筑史。当时西方学者尚未注意中国建筑的发展和技术。但我感到日本学术界已开始注意中国，如著名学者大村西崖、常盘大定、关野贞等都对中国建筑艺术有一定的研究。我相信如果我们不整理自己的建筑史，那末早晚这块领地会被日本学术界所占领。作为一个中国建筑师，我不能容忍这样的事情发生。

“同时，我在学习西方建筑史的过程中，逐步认识到建筑是民族文化的结晶，也是民族文化的象征。我国有着灿烂的民族文化，怎么能没有建筑史？！”

1925 年，梁启超寄给梁思成一本重新出版的古籍——《营造法式》。此书是北宋官订的一部建筑技术专书，是北宋时期的建筑设计和施工手册。梁启超发现有这样一本书，非常惊喜，连忙将它推荐给梁思成。他在给儿子的信中说：“一千年前有此杰作可为吾族文化之光宠也已……”

梁思成收到父亲寄来的这本珍贵典籍，打开一看，觉得如同天书一般，无法看懂。但他意识到，既然我国在北宋时期就已经有这样系统完整的建筑技术方面的专著，可见我国建筑技术发展到宋代已经很成熟了，因此他更坚定了自己研究中国建筑史的决心。《营造法式》给他提供了一把开启中国建筑史研究大门的金钥匙。

在宾夕法尼亚大学学习的最后一年里，梁思成对意大利文艺复兴时期的建筑进行了深入广泛的研究，探讨其建筑特色和文艺复兴时期建筑发展的过程，这对他后来探索和研究中国建筑史大有裨益。多年后，他和林徽因合写了一篇文章《达·芬奇：具有伟大远见的建筑工程师》，使中国人第一次了解到达·芬奇不仅是一位出色的画家，还是一位了不起的建筑工程师。

在宾夕法尼亚大学学习的这几年，是梁思成和林徽因终生难忘的美好岁月。在异国他乡，这对情侣勤奋苦读，如饥似渴地学习西方的科学文明知识。

梁思成学习非常用功，绘图基本功很好；而林徽因思想活跃，常常有满脑子的创意。林徽因有时先画一幅草图，不满意就多次修改、丢弃，当交图期限快到时，梁思成参与进来，以他那准确、漂亮的绘图功夫把林徽因绘制的草图变成一张清楚、整洁的作品。

休闲的时候，他们会邀上好友陈植一起去郊游、散步，或到集市上逛一逛，买些新鲜的水果和蔬菜。郊外栗树山上茂盛的小树林、拉德诺狩猎场和长木公园的绿草坪都留下过这对恋人的身影。

梁思成和林徽因不仅共同学习，也共同走过了艰难的日子。

梁思成入学宾夕法尼亚大学不久，他的母亲李惠仙就病逝了。梁思成悲痛

万分，林徽因陪伴他举行了一场小小的祭奠仪式，梁思成焚烧了他写给母亲的祭文，林徽因用鲜花、绿草编织成花环，寄托哀思。

一年后，林徽因的父亲林长民不幸在沈阳遇难身亡。林徽因得知噩耗，几乎痛不欲生，一连几天茶饭不思、精神恍惚。梁思成每天陪伴在她身边安慰她、照顾她，他们俩相互抚慰、相互支撑，共同走过了那段伤痛的日子。

1927 年，梁思成和林徽因同时从宾夕法尼亚大学毕业。梁思成被授予建筑学学士学位，6 月又得到硕士学位。林徽因则被授予美术学士学位。

梁思成随后进入哈佛大学人文艺术研究院，准备开展博士论文《中国宫室史》的相关研究。他花费几个月的时间，阅读了当时所能查到的所有关于中国建筑的资料，但这方面的资料非常少，而且都是外国人所著，于是他向导师提出回国调查研究，于两年后提交博士论文。这一申请获得了导师的同意。

此时，林徽因也结束了她在耶鲁大学舞台美术方面的研究工作，两人便决定一起回国。

在哈佛大学攻读博士期间，梁思成曾为林徽因精心制作过一面仿古铜镜，他自己设计了铜镜的造型和花纹。这是将一面现代的圆玻璃镜面镶嵌在仿古的铜镜里制成的镜子。铜镜的背面刻着敦煌莫高窟的仙女飞天图案，飞天的四周是一圈卷叶草花文饰，文饰外的下方有两条脚线，两条线脚中间均匀地铸有一圈字："徽因自鉴之用民国十四年元旦思成自镌并铸喻其晶莹不玦也。"为了制作这面镜子，梁思成差不多花费了一周的时间铸造、雕刻、打磨。铜镜做好后，再经过仿古处理，使其看上去就像真古董一样。梁思成曾调皮地将这面镜子拿给一个研究东方美术史的教授"鉴定"，这位教授看不懂上面的中文，拿着铜镜翻来覆去地看了半天，说从来没有见过这么厚的铜镜，并认为这是中国北魏时期的古董。后来教授知道了实情，大笑着说梁思成是个"淘气鬼"。由此可见，梁思成在雕刻、绘画方面的造诣之高和动手能力之强。在后来的蜜月之旅中，梁思成把这面珍贵的铜镜送给了林徽因，它一直陪伴在林徽因身边。

经过在外求学这几年的朝夕相处，梁思成和林徽因的心贴得更近了，他们的爱情也到了成熟的季节。在即将启程回国之时，两人便自然地想到了婚事。梁思成将他和林徽因的想法写信告诉了远在大洋彼岸的父亲梁启超，当时梁思成的姐夫周希哲在中国驻加拿大领事馆工作，梁启超便高兴地委托梁思顺和周希哲为他俩操办婚礼。

1928 年 3 月，梁思成与林徽因在加拿大渥太华的中国驻加拿大领事馆里举行了婚礼。林徽因不愿意去教堂，也没有穿婚纱，而是自己设计了一套简洁大方的礼服，使婚礼显得新颖别致，富有东方情调。

欧洲漫游

婚礼之后，梁启超安排梁思成和林徽因先去欧洲观光游历，然后再回国。当时，梁启超正身患重病，他十分想念在国外留学的儿女们，可是为了不影响孩子们的学业，这位博学而又慈祥的父亲隐瞒了自己的病情，他写信说自己的身体恢复得很好，让梁思成和林徽因不要急于回国，先去欧洲看看西方的建筑，亲身感受那里的文明。

梁启超给梁思成写信说：

“我替你们打算，到英国后折往瑞典、挪威一行，因北欧极有特色，市政亦极严整有新意（新造之市，建筑上最有意思者为南美诸国，可惜力量不能供此游，次则北欧特可观），必须一往。由是入德国，除几个古都市外，莱茵河畔著名堡垒最好能参观一二。回头折入瑞士，看些天然之美，再入意大利，多耽搁些日子，把文艺复兴时代的美，彻底研究了解。最后便回到法国，在马赛上船，（到西班牙也好……中世及近世初期的欧洲文化以西班牙为中心）中间最好能腾出时间和金钱到土耳其一行，看看回教的建筑和美术，附带着看看土耳其革命后的政治（替我）。”

这些信件中，父亲对儿子的眷眷之心跃然纸上，而梁启超这次富有远见的安排，为梁思成今后所从事的事业奠定了良好的基础。

按照父亲的安排，梁思成和林徽因在欧洲参观游历了半年之久。这对新婚夫妇一边度蜜月，一边参观考察欧洲的建筑。

梁思成和林徽因来到英国伦敦的泰晤士河畔。初春的伦敦气候温润，泰晤士河水清澈碧蓝，耸立于河畔的著名的圣保罗大教堂是一座比较成熟的巴洛克风格建筑，它成为梁思成和林徽因旅行考察的第一站。圣保罗大教堂有着高大的圆形穹顶，有两层柱廊，看上去十分典雅庄重，整体布局完美和谐。

他们旅行到瑞士后，饱览了那里美丽的自然风光。那葱郁茂密的森林，明镜一样的湖泊，山顶的皑皑白雪和明净的蓝天，使他们回到了自然母亲的怀抱中，身心感到极大的愉悦。而到处耸立着的哥特式风格的建筑，以及一些有着洁白墙壁的红顶房屋又把这片土地装点得更加生动、迷人。梁思成和林徽因深深地陶醉其中，他们充分体验到了人、自然与建筑的和谐之美。

在法国，梁思成和林徽因同样留下了美好的回忆。来到充满浪漫气息的法国，他们游览了法国历代君王的行宫枫丹白露宫。它是文艺复兴时期的建筑，坐落于林间、泉边，显得生动而又充满自然情趣。

坐落在塞纳河畔的卢浮宫曾是法国国王路易十四的王宫，这是欧洲最壮丽宏阔的宫殿之一。后来，它成为法国最著名的艺术博物馆，珍藏着来自世界各个国家的艺术珍品。维纳斯雕像、胜利女神雕像、《蒙娜丽莎》等知名艺术品都陈列在馆中。梁思成和林徽因徜徉在这座艺术的圣殿中，几乎流连忘返，他们深深地被那些精美的艺术品所吸引。

梁思成和林徽因还去了距离巴黎不远的凡尔赛宫，这座宫殿集建筑、园林、绘画之大成，集中展现了法国十七到十八世纪辉煌的艺术成就。这里原是一片沼泽和森林，有一座路易十三的狩猎山庄。后来，路易十四将它扩建成一座华丽的宫殿。宫殿内有一座巨大的镜厅，这里有十七扇高大的拱形落地窗，与廊柱浑然一体，难以分辨。当阳光从十七扇窗子里射进来的时候，大厅一片灿烂。

告别法国，梁思成和林徽因来到了意大利的罗马。罗马是一座历史悠久的城市，早在罗马帝国时期就创造了辉煌的古罗马文明。罗马帝国的统治者们从占领地希腊掠夺了大量艺术珍品，其中包括大批的古希腊雕像。罗马人汲取了希腊的文明，建起庞大而繁华的城市，把“砖瓦的罗马城”变为“大理石的

罗马城”。当时的罗马广泛地使用拱券结构，修建了重叠数层的引水天桥（即罗马水道），这种“罗马式”的建筑风格一直被沿用到后来，成为西方传统建筑风格之一。

当时罗马帝国的庞贝城就是一座非常繁华的城市。公元79年，维苏威火山突然猛烈爆发，把庞贝城埋在了厚厚的火山灰下。约一千七百年后，庞贝古城被发掘了出来，成为古罗马文明的重要见证。

多年来，罗马的建筑吸引了世界各地的来访者参观游历。

这座“死了的城市”当年的住宅建筑已达到相当高的水准，有浴室、厨房，还有类似自来水和暖气的设备，洗手池和放衣服的橱架都是用大理石雕琢而成的，上面饰满各种雕像，还有很多美丽的壁画。眼前这些古代残留建筑，用它们的存在、用它们自己的语言传达出一种悲壮的力量和顽强生存的精神。梁思成和林徽因以他们对建筑独特的理解，切身地感受到了这一切。

离开意大利，梁思成和林徽因去了西班牙。他们参观了阿尔汗布拉宫，这是一座建筑风格和装饰图案迥异于西欧其他宫殿的建筑，有着浓郁的伊斯兰建筑风格。这座宫殿原是格拉纳达王国的王宫，这个王国后来臣服于西班牙。阿尔汗布拉宫的殿堂及券廊上的壁面满覆着几何纹样的图案，色彩十分艳丽。

梁思成和林徽因在欧洲度过了一段难忘的时光。

慈父梁启超病逝

欧洲的游历使梁思成和林徽因这对年轻夫妇沉浸在西方建筑文明给他们带来的极大喜悦之中。此时，梁思成却突然接到父亲梁启超催促他回国任教的信。他们还没有完成全部旅行计划，便匆匆结束了这次旅行，从莫斯科乘火车穿过西伯利亚，回到了中国。

1928 年 9 月，梁思成夫妇风尘仆仆地回到了北平。

此时的梁启超已患病许久，但见到学成归来的儿子和儿媳，他非常高兴，似乎忘记了自己的病痛，一时精神也好多了。他在给大女儿梁思顺的信中说：

“新人到家以来，全家真是喜气洋溢。初到那天看见思成那种风尘憔悴之色，面庞黑瘦，头筋胀起，我很有几分不高兴。这几天将养转来，很是雄姿英发的样子，令我越看越爱。看来他们夫妇体子都不算弱，几年来的忧虑，现在算放心了。新娘子非常大方，又非常亲热，不解作从前旧家庭虚伪的神容，又没有新时髦的讨厌习气，和我们家的孩子像同一个模型铸出来。”

梁启超对儿子的拳拳关切之心，对儿媳的喜爱之情，毫不掩饰地表达出来了。

父亲对儿子的关心还远不止这些。当梁思成和林徽因还在欧洲游历时，梁启超就已开始考虑他们学成归来后的工作安排。梁启超曾为梁思成在清华大学争取教职。后来，他得知东北大学正在筹建建筑系。当时的东北大学正在广泛招罗贤才，学校的教师大多是从英、美、法、德、意、日留学归来的学者。东北大学的师资力量雄厚，而且学术气氛浓郁，是乱世中难得的一块清静之地。东北大学早已决定聘请梁思成担任建筑系主任，同时聘请林徽因任教授，月薪也比较丰厚。

在这种局势下，梁启超权衡再三，支持梁思成和林徽因到东北大学就职。

梁思成和林徽因二人在家短暂休养了一段时间，就匆匆收拾行装，北上去了东北大学。

这一年 11 月，梁启超病危。接到电报后，梁思成和林徽因急忙赶回北平。

此前，梁启超在协和医院做摘除病变肾脏的手术时，不料医生错把病变的左肾留下，而误摘了右肾。虽然后来又摘除了左肾，但梁启超的病症终究无法根治。他于 1929 年 1 月 19 日病逝，终年五十六岁。同年 2 月 17 日，北平各界在广惠寺为梁启超举行了公祭活动，沉痛哀悼一代文化巨匠。

梁思成将父亲梁启超与母亲李惠仙合葬在北京香山卧佛寺东侧的一块墓地，他和林徽因为父母设计了一块墓碑，碑形似榫，古朴庄重，没有浮饰，墓碑正面镌刻着："先考任公府君暨先妣李太夫人墓。"

父亲辞世，全家人极其悲痛。从此，梁思成不仅失去了父亲的慈爱和关怀，也失去了一位生活和事业上的良师益友。

然而，父亲一生追求民主和科学的精神、强烈的爱国主义情怀、严谨的治学态度和乐观开朗的人生观……都深深地影响着梁思成，使他在以后漫长的人生道路上虽历经磨难，却始终保持乐观向上的进取精神，矢志不渝地为祖国和人民贡献自己的聪明才智。

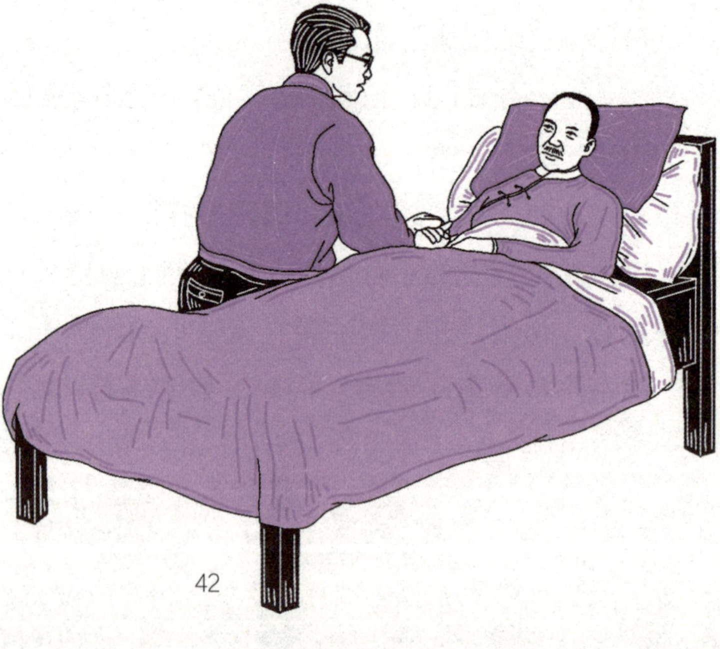

初创东北大学建筑系

当年初到沈阳时，梁思成便得知，东北大学建筑系已招收了一个班的学生，但还没有一个专业教师，更不知该开些什么课程，一切都急需他来安排。就这样，梁思成还未在家中多歇息几日，便匆匆“走马上任”了。

东北大学建筑系是我国最早创办的建筑系。建筑系创办初期，梁思成是系主任，也担任主讲教师，还要处理许多行政事务，一人身兼数职。林徽因教美术和建筑设计。他俩几乎每天都处理工作到深夜，非常辛苦。

第二年，梁思成邀请了他在宾夕法尼亚大学的同学陈植、童寯、蔡方荫等人到东北大学建筑系任教。这样，建筑系的师资力量大大加强了，他们是一群血气方刚的年轻学者，对自己所从事的工作抱有极大的热情。他们一起成立了“梁陈童蔡营造事务所”，从事建筑研究工作，也承揽一些建筑工程。事务所成立不久，他们便接到了为吉林大学和北方交通大学锦州分校设计校舍的工程。

当时，东北的局势时有变化，各派势力加紧争夺地盘。即使在这种动荡的岁月里，梁思成和林徽因也能够不为外界所干扰，潜心致力于建筑教学和研究工作。稍稍空闲的时候，梁思成和林徽因就到东北大学附近的北陵测量那里的古建筑，一边测量，一边记录数据。林徽因不顾有孕在身，亲自带领学生到古建筑遗迹旁上课，让学生实地感受建筑与美的关系。

梁思成在这段时期的另一项重要成就，是开设了一门独特的课程——中国雕塑史。早在赴美留学和游历欧洲期间，他就在美国和欧洲一些国家的博物馆里，看到许多中国古代雕塑艺术珍品被堂而皇之地摆在那里展览，心中不禁感慨万千。这些艺术珍品都是西方列强侵略中国时掳掠走的国宝，是我国珍贵的历史文化遗产，而且许多珍贵文物在我国已没有藏品。有一次，梁思成在宾夕法尼亚大学的博物馆里，看到了"昭陵六骏"中的两骏——"拳毛騧"和"飒露紫"。六骏是唐太宗在世时出征打仗所骑的战马，它们陪同唐太宗打下了唐王朝的江山。为表彰它们的战功，唐太宗下令让画家阎立本绘制出六骏的画像，并派人将六骏画像雕刻在石屏上，这六骏分别是"青骓""特勒骠""白蹄乌""拳毛騧""什伐赤"和"飒露紫"。唐太宗亲笔撰写碑文，并由大书法家欧阳询誊写。唐太宗死后，六骏随葬于昭陵。六骏形象逼真、动感十足，是唐代雕像艺术精品，具有极高的历史价值和艺术价值。国宝流失，令人痛心。

而更令人扼腕的是，梁思成在博物馆里没有看到一本由中国人自己撰写的雕塑史，外国少数学者对中国雕塑的研究也不够全面。这些残酷的事实强烈地刺痛着梁思成，那时，他就萌生了一个念头，决心由自己来总结中华民族的雕塑史。

梁思成在东北大学开设的这门课程，列出了一些初步的研究成果，简明阐述了中华民族从上古时期直至明清时期几千年来雕塑发展的概况，指出各个时期具有代表性的雕塑作品，为后来研究中国雕塑的学者提供了可资参考的宝贵资料。

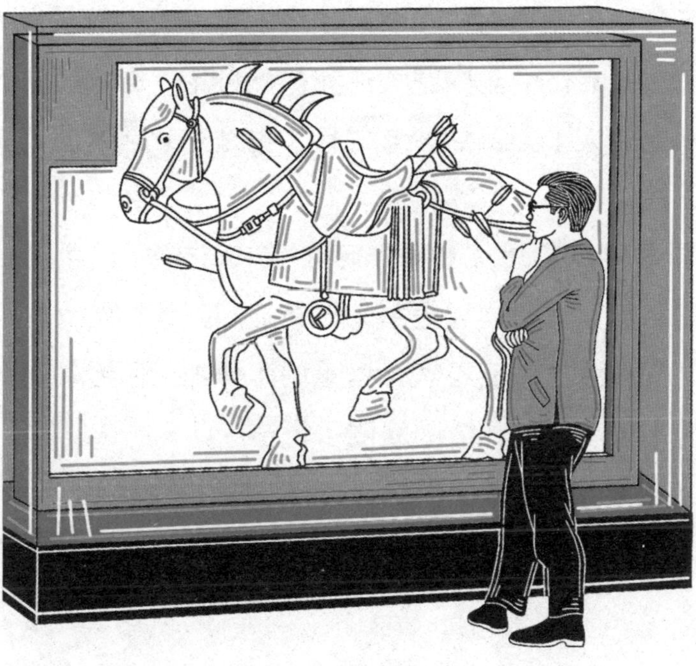

到了二十世纪三四十年代，梁思成寻访踏勘了云冈、天龙山、龙门、响堂山及四川境内的许多古建筑和石刻作品，对雕塑的研究已达到很高的造诣。他自己收藏了不少雕塑珍品，其中有著名建筑大师陈叔通送给他的辽代佛像，还有从山西五台山佛光寺后山上捡来的一只佛脚。后来，梁思成又在清华大学开设了中国雕塑史课程，他经常让学生们观赏他的藏品，感受中国雕塑的神韵。

梁思成去世后，他的第二任夫人林洙将他在东北大学期间讲授中国雕塑史课程的讲稿收集整理成书，并配以大量精美图片，出版了《中国雕塑史》一书，完成了梁思成生前未竟的事业。这本书出版后，受到广泛关注和热烈讨论，影响非常大。它既是一本专业人士必备的参考书籍，也是热爱艺术的人值得收藏的知识性读物。

1929 年 8 月，梁思成和林徽因的第一个孩子出生了，为纪念孩子的祖父——“饮冰室主人”梁启超，他们给女儿取名“再冰”。梁再冰出生后不久，繁重的工作加上照看幼小孩子的重担，使本就瘦弱的林徽因病倒了。

1930 年下半年，林徽因因病势沉重，不得不回到北平治病，她被诊断为患有肺结核。在二十世纪初的中国，肺结核是一种非常令人恐惧的疾病，民间称之为“痨病”，当时此病无特效药可治，病人几乎只能慢慢地消耗自己的生命。医生劝告林徽因停止一切工作，静心休养。于是，梁思成安排林徽因去北平的香山疗养。

1931年6月，在结束了一个学年的课程后，梁思成将东北大学建筑系的事务交给了祖籍沈阳的童寯，就回到北平陪伴林徽因和女儿了。

1932年7月，东北大学建筑系第一届学生毕业，梁思成满怀深情地给学生们写了一封热情洋溢的信，他在信中说：

现在你们毕业了，毕业二字的意义，很是深长，美国大学不叫毕业，而叫“始业”（Commencement）。这句话你们也许已经听了多遍，不必我再来解释，但是事实还是你们“始业”了，所以不得不郑重地提出一下。

你们的业是什么，你们的业就是建筑师的业，建筑师的业是什么，直接地说是建筑物之创造，为社会解决衣食住三者中住的问题，间接地说，是文化的记录者，是历史之反照镜。所以你们的问题是十分的繁难，你们的责任是十分的重大。

…………

你们创造力产生的结果是什么，当然是“建筑”，不只是建筑，我们换一句话说，可以说是“文化的记录”——是历史，这又是我从前对你们屡次说厌了的话，又提起来，你们又要笑我说来说去都是这几句话，但是我还是要你们记着，尤其是我在建筑史研究者的立场上，觉得这一点是很重要的，几百年后，你我或如转了几次轮回，你我的作品，也许还供后人对民国廿一年中国情形研究的资料，如同我们现在研究希腊罗马汉魏隋唐遗物一样。……

我以上所说的许多话，都是理论，而建筑这东西，并不如其他艺术，可以空谈玄理解决的，他与人生有密切的关系，处处与实用并行，不能相脱离，讲堂上的问题，我们无论如何使他与实际问题相似，但到底只是假的，与真的事实不能完全相同……必须在社会上服务，经过相当的岁月，得了相当的经验，你们的教育才算完成，所以现在可以说，是你们理论教育完毕，实际经验开始的时候。

…………

现在你们毕业了，你们是东北大学第一班建筑学生，是“国产”建筑师的始祖，如一只新舰行下水典礼，你们的责任是何等重要，你们的前程是何等的远大！林先生与我两人，在此一同为你们道喜，遥祝你们努力，为中国建筑开一个新纪元！

梁思成

民国廿一年七月

梁思成在这封信中热情地鼓励他的学生热爱建筑事业，努力学好建筑知识，为社会服务，开创祖国的建筑事业。其情殷殷，语重心长，令人感佩。

梁思成和他那些满怀壮志豪情的同人，竭尽全力在艰难的条件下培养了一批建筑人才，当年建筑系的学生刘致平、刘鸿典等人，后来都成为卓有成就的建筑学家和建筑大师。

开始研究中国建筑史

梁思成全家迁回北平之后，他应邀加入了一个建筑研究协会——中国营造学社。

中国营造学社的创办人朱启钤，曾作为政府官员主持修缮北京故宫和其他一些古旧建筑。1919 年，他偶然在南京的江南图书馆发现了《营造法式》一书。兴奋之余，他委托商务印书馆将《营造法式》影印出版。后来，朱启钤个人筹资创办了营造学社，研究中国的建筑营造法。他邀请了一批国学家入社，着重于对《营造法式》的诠释和考证。营造学社是我国第一个研究中国古代建筑的学术团体。

起初，营造学社没有固定的办公场所，先后迁移到北京珠宝子胡同、天安门内西朝房、朱启钤私宅等地。因为当时还没有专业的建筑学者加入进来，朱启钤便和学社成员们一起访问工匠，并请木匠和画匠为学社制作供研究用的斗拱模型和彩画样片。

1929 年，朱启钤向“中华教育基金董事会”申请经费补助，并于 1930 年 2 月正式成立了中国营造学社。该董事会董事周诒春是中国营造学社的成员，也是梁思成在清华读书时的校长。

周诒春认为中国营造学社还缺少现代建筑学的专业人才，担心经费投入后出不了成果。得知梁思成对中国古建筑研究有兴趣后，周诒春专程到沈阳劝说正在东北大学执教的梁思成加入中国营造学社。那时，梁思成正忙于建筑系的工作，答应了考虑此事，但未做出最后决定。

1931 年 9 月，梁思成加入中国营造学社，任法式部主任。他在美国留学时，就已对中国古建筑产生了浓厚的研究兴趣，加入中国营造学社后，他便有机会专门、系统地研究中国建筑的发展历史了。

梁思成到中国营造学社的第二年，刘敦桢也到了中国营造学社。中国营造学社后来又涌入了一批新生力量，一些年轻有为的建筑系毕业生来到这里，中国营造学社一时群英荟萃、人才济济。

建筑在我国一向被视为“匠学”，从事建筑行当的也多是专业工匠，他们世代师徒相传，使技艺得以流传下来，他们建造了许多伟大的建筑工程。然而鲜有专门的建筑文本，也鲜有人认识到建筑是一门科学。中国几千年的文明史所保留下来的建筑专业书籍仅有两部：一部是宋代的《营造法式》，一部是清代的《工程做法则例》。这两部书的内容专业性很强，一般人读不懂；匠人们大多不识字，也不看书本。建筑术语口口相传，逐渐演变，使书中的许多术语、名词难以理解，人们也难以弄懂构造法。

梁思成首先着手研究《工程做法则例》，以故宫等北平古建筑为参考，对古建筑进行实地调查测绘，有不懂的术语就虚心向老工匠求教。

经过坚持不懈地钻研探索，梁思成基本上把《工程做法则例》弄懂了，并把读书笔记整理成《清式营造则例》一书。这是我国第一本以现代科学的观点和方法总结中国古代建筑构造做法的图书，是研究清代建筑的重要文献，也是中国建筑界和古建修缮单位重要的“文法课本”。

中国营造学社成员莫宗江在回忆梁思成这一时期的工作时说：“梁先生的工作特点是计划性极强，一个题目来了，他能很快地定出计划，而且完全按计划执行。写《清式营造则例》，他一边学工部工程做法则例，一边向老工匠学，只二十几天就画了一大摞，我每天都去看他的作业，一大摞让我太吃惊了，他一辈子都是如此严格按计划执行，工作效率非常高。”

梁思成和林徽因到北平四郊郊游，他们在那里发现了一些“饶有趣味的古建”。这些古建筑大部分是明清时代的“遗构”，也有少数是辽、金、元时期的作品。这些意外发现使梁思成感到兴奋，每一座古建筑都能从某个方面唤起他心中美的感受，特别是当他以一个建筑行家的眼光来审视这些古建筑时。他在《平郊建筑杂录》中写道：

这些美的存在，在建筑审美者的眼里，都能引起特异的感觉，在“诗意”和“画意”之外，还使他感到一种“建筑意”的愉快……

……天然的材料经人的聪明建造，再受时间的洗礼，成美术与历史地理之和，使它不能不引起赏鉴者一种特殊的性灵的融会，神志的感触，这话或者可以算是说得通。

无论哪一个巍峨的古城楼，或一角倾颓的殿基的灵魂里，无形中都在诉说，乃至于歌唱，时间上漫不可信的变迁；由温雅的儿女佳话，到流血成溪的杀戮。他们所给的“意”的确是“诗”与“画”的。但是建筑师要郑重郑重的声明，那里面还有超出这“诗”“画”以外的“意”存在。眼睛在接触人的智力和生活所产生的一个结构，在光影可人中，和谐的轮廓，披着风露所赐与的层层生动的色彩；潜意识里更有“眼看他起高楼，眼看他楼塌了”凭吊与兴衰的感慨；偶然更发现一片，只要一片，极精致的雕纹，一位不知名匠师的手笔，请问那时锐感，即不叫他做“建筑意”，我们也得要临时给他制造个同样狂妄的名词，是不？

对于北平四郊的古建筑，梁思成在《平郊建筑杂录》中有详细的分析阐述，这篇文章发表在中国营造学社自己的刊物《中国营造学社汇刊》上。

正是这些偶然的发现，促使梁思成在对建筑古籍的研究告一段落之后，开始了大规模的寻访古建筑的考察活动。

当时华北地区流行着一句民间谚语："沧州狮子，应州塔；正定菩萨，赵州桥。"这句谚语说的是华北四大名胜古迹。正打算着手研究明清以前古建筑的梁思成从中得到启发，计划先前往正定菩萨所在地——正定隆兴寺，它离北平较近，也是我国历史上有名的寺院之一。但是，一件偶然的事情改变了他的行程，也使他得以注意到截至当时在中华大地上所发现的最古老的一座木构建筑——独乐寺。

就在梁思成准备去正定时，他的一位朋友向他提起，曾在北京鼓楼看到过几张介绍河北蓟县风光的照片，其中有一张独乐寺的照片，该建筑的斗拱造型十分奇特。梁思成立即赶到鼓楼观览，他发现独乐寺果然与众不同。照片中独乐寺的巨大斗拱与日本学者常盘大定和关野贞在中国旅行后所发表的照片中的斗拱类似，他猜想这是一处宋元以前的古建筑。于是梁思成改变原定计划，决定先去蓟县考察。

1932年春，梁思成首次赴蓟县独乐寺勘察。梁思成和中国营造学社成员邵力工，以及当时还在南开大学读书的弟弟梁思达同行，并从清华大学土木系第一系主任施嘉炀处借来了测绘仪器。

他们从北平出发，乘坐长途汽车，一路风尘仆仆赶赴目的地。当时车厢里挤满了人，车顶上捆扎着不少行李物件。道路是铺着碎石子儿的土公路，缺少像样的桥梁。汽车在经过布满鹅卵石和细沙的旱河时，乘客还要下车步行；经过泥泞的地方，大家还要下去推车。他们到达蓟县时，已是黄昏时分，落了一身一脸的尘土。

第二天，他们便开始了考察工作。由于历代屡次重修，到了清代，朝廷又将独乐寺一部分改建为行宫，所以当时的独乐寺建筑群仅保留有观音阁和山门两处单体建筑。观音阁始建年代不详，根据古籍可知观音阁重建于宋朝初年（984 年），当时这里属于辽的统治范围。观音阁是一座外表两层夹一个暗层（实际上是三层）的木构楼宇，斗拱宏大而简洁，屋顶出檐深远。中间一层的斗拱构成上一层的平座，最上一层的斗拱构成建筑的上檐。一层层的木构框架叠架上去，在结构方法上，基本把三个单层大殿的框架重叠起来，构成一座整体建筑。观音阁外观上极像敦煌壁画里描绘的唐代建筑。观音阁里供奉有一尊约十六米高的十一面观音塑像，十分高大庄严。

独乐寺的山门是一座面阔三间、进深两间的单层四阿顶建筑。山门屋脊呈鸱尾式，其上为鳍形，下为吻式，显示了由唐式建筑向宋式建筑的转变。唐式建筑屋脊装饰一般为鳍形尾，宋代以后才变为吻式。

梁思成仔细观察比较了独乐寺各个建筑部件的尺寸和《营造法式》里所列的尺寸，终于弄通了书中晦涩难懂的术语。独乐寺的发现推动了梁思成对《营造法式》的进一步研究。同年，他的研究论文《蓟县独乐寺观音阁山门考》发表在《中国营造学社汇刊》上，引起了中外学术界的震动。

这一次蓟县之行让梁思成探索古建筑的热情更加高涨，在随后的几年里，他走访了许许多多珍贵的古建筑遗迹。1933年3月，梁思成前往河北正定对隆兴寺和周边其他古建筑进行考察；1933年9月，前往山西大同华严寺、云冈石窟等地考察；1933年11月，前往河北赵县赵州桥考察；1934年8月，梁思成和林徽因同美国学者费正清夫妇一起去山西晋汾考察；1934年10月，梁思成应邀到浙江考察古建筑；1935年2月，考察山东曲阜孔庙，并制订了修缮计划；1936年春，考察了河南龙门石窟和山东中部十多个县的古建筑……

1937年6月，梁思成和林徽因、莫宗江、纪玉堂同赴山西五台山佛光寺考察。在考察古建筑的征途中，梁思成一直未

能发现唐代以前的古建筑。甚至曾有日本学者断言，中国已经没有唐代的古建筑了，要看唐代的古建筑，只能到日本奈良去。梁思成不相信这一断言，他曾在一本书中读到关于五台山上建有两汉时期建筑的记载，又在《敦煌图录》一书中看到五台山佛光寺的图片，于是他决心去考察一下佛光寺的建筑年代。

佛光寺大殿魁伟整饬，出檐深远，斗拱硕大，梁思成一行人被佛光寺雄伟宏大的斗拱所震撼。这显然不是唐以后的建筑风格，但建筑年代的确认还需要实物证据。为此，他们必须在蝙蝠聚集、灰尘厚积的空阁梁间寻找记载文字。经过多天艰苦勘察，他们终于在一根大梁上看到了隐约的字迹。经反复辨认，他们从文字记载中确认这是一处唐代建筑。

艰苦的探寻终于有了成果，他们找到了保存完好的唐代建筑，梁思成不禁万分欣喜。他在日记中写道：“这是我从事古建筑调查以来最快乐的一天！”

正在梁思成进行这次考察工作时，传来了卢沟桥事变的消息，一场关乎中华民族命运的浩劫降临了。

从 1932 年至 1937 年，梁思成领导中国营造学社的同人们，通过实地考察收集了一批珍贵的古建筑资料，为古建筑研究付出了巨大而艰辛的努力。梁思成是我国第一位系统研究中国古建筑的学者，是当之无愧的建筑史学专家，他开辟了研究中国建筑史的道路。

第四章 | 艰难岁月

友情难忘

从东北大学回到北平后，梁思成和林徽因带着他们的女儿梁再冰，把家安在北总布胡同三号的四合院里，林徽因的母亲也和他们住在一起。

这座四合院宽敞、漂亮，有着古色古香的木格窗子和灰瓦屋顶。院内的房屋宽大，房屋之间有走廊相连接，院子里种着一些供观赏的花草树木。这座四合院后来成为梁林二人和朋友们日常聚会的场所。

1932 年 8 月，林徽因生下了儿子，夫妇二人给孩子取名“从诫”，以寄托对宋代建筑学家、《营造法式》作者李诫的仰慕和追随之情。

1932 年到 1933 年，梁思成受聘于北京大学，讲授中国建筑史，同时还忙于中国营造学社的工作。照顾儿女的任务落在林徽因一人肩上，她正经历着生平第一次操持家务的忙碌辛苦的日子。

就在这个时期，一对异国夫妇进入了她的生活，他们是年轻的美国学者费正清和费慰梅。费氏夫妇新婚宴尔，因为热爱中国的历史、文化和艺术，双双来到北平，在东城一座四合院里住了下来。他们居住的地方离梁家很近。

一次，在一个朋友家的聚会上，费氏夫妇与梁思成夫妇偶然相识，遂结下了终生的友谊。费慰梅晚年撰文讲述了他们两家的深厚友谊：

当时他们和我们都不曾想到这个友谊今后会持续多年，但它的头一年就把我们都迷住了。他们很年轻，相互倾慕着，同时又很愿回报我们喜欢和他们做伴的感情。徽（whei）——她为外国的亲密朋友给自己起的短名——是特别的美丽活泼。思成则比较沉稳些。他既有礼貌而又反应敏捷，偶尔还表现出一种古怪的才智，俩人都会两国语言，通晓东西方文化。徽以她滔滔不绝的言语和笑声平衡着她丈夫的拘谨。通过交换美国大学生活的故事，她很快就知道我们夫妇俩都在哈佛念过书，而正清是在牛津大学当研究生时来到北京的。这又引起她讲述了她自己在伦敦一年中学生生活中的一些故事。

当我们分别的时候，她问我们住在哪里。当知道他们的房子离我们不远，就在大街的尽头东城根下，我们同她一样感到惊奇。他们很年轻，又住得那么近，真使我们喜不自胜。

打这儿开始，我们的友谊与日俱增。我们很快就知道，在

宾夕法尼亚大学学习西方建筑学的思成，已开始了他作为中国第一位建筑历史学家的研究工作。这使他在以后的年代里获得了国际上的承认。徽是他在建筑学方面的助手，但她至今仍受人纪念的原因则在于她毕生所写的诗篇。

林徽因在西方受到的教育，使她很容易就和费慰梅成了知心朋友。她们一起交流探讨文学艺术方面有趣的问题，在林徽因情绪低落的时候，费慰梅便拉上她到郊外骑马或野餐。林徽因后来在写给费慰梅的信中说道：

自从你们两人在我们周围出现，并把新的活力和对生活、未来的憧憬分给我以来，我已变得年轻活泼和精神抖擞得多了。每当我回想到今冬我所做的一切，我都十分感激和惊奇。

你看，我是在两种文化教养下长大的，不容否认，两种文化的接触和活动对我来说是必不可少的。在你们真正出现在我们在（北总布胡同）三号的生活中之前，我总感到有些茫然若失，有一种缺少点什么的感觉，觉得有一种需要填补的精神贫乏。而你们的“蓝色通知”恰恰适合这种需要。……

今秋或不如说是初冬的野餐和骑马（以及山西的旅行）使整个世界对我来说都变了。……现在我能看到乡村小径，无边的冬季平原风景、细细的银色树枝、静静的小寺院和人们能够抱着传奇式的自豪感跨越的小桥。

“费正清”和“费慰梅”这两个中文名字就是梁林二人给

这对异国夫妇取的。费正清后来成为美国著名的汉学家和社会学家。在抗日战争时期最艰难的日子里，费正清和费慰梅尽自己的力量给贫病交加之中的梁林二人以无私的帮助，他们的友谊维系了一生。

北总布胡同三号的梁家吸引了众多朋友，这些人中有诗人徐志摩、哲学家金岳霖、政治学家张奚若、经济学家陈岱孙、考古学家李济、社会学家陶孟和等人，后来，小说家沈从文和萧乾也常来这里。

金岳霖毕业于清华，从青年时代起就留学海外，先后留学美国、英国，回国后先后在清华大学和北京大学执教。他身材高大，常常西装革履、纤尘不染，极具绅士风度。

熟识金岳霖的人都亲切地称呼他“老金”。老金的家就在梁家隔壁的一幢小房子里，有一扇小门可与梁宅相通。老金常常被邀请穿过这扇小门到梁家喝茶、聊天儿，有时梁思成和林徽因也会穿过这扇小门到老金家参加聚会。久而久之，他们相处得如一家人般和睦融洽、亲密无间，老金还常常逗弄梁思成与林徽因的一双小儿女。

林徽因活泼健谈，非常善于讲笑话，她总能从平淡的生活中发现一些有意思的事情，并把它们讲给大家听。梁思成话虽

不多，但风趣幽默，他家的聚会总是欢笑声不断。

林徽因和萧乾讨论诗和小说的创作，有时沈从文也加入谈话。梁思成和金岳霖则坐在沙发上，一边喝茶，一边听他们谈诗论文。

林徽因滔滔不绝地兴奋地说着，有时，她突然想起了什么，便打住话头，转身问道："我是不是说得太多了？"

梁思成马上打趣道："你一讲起来，谁还能插得上嘴？"

林徽因风趣地回敬道："我们家是妇唱夫随嘛，插不上嘴，就请为客人倒茶吧！”

满屋子的人都笑了起来。

梁家这种形式的聚会持续了几年，直到抗日战争全面爆发，朋友们才不得不分开。

逃离北平

1937年7月7日，日本侵略军悍然轰炸卢沟桥，发动了“卢沟桥事变”，将战火引向了华北地区。北平不久便被日军占领，沦陷为敌战区。

日军开始进犯北平的时候，梁思成和林徽因正在山西考察古建筑，他们正沉浸在发现唐代古建筑佛光寺的巨大喜悦之中。得到消息以后，他们连夜赶回北平。当他们辗转回到北总布胡同时，发现那里已挖起了战壕，一些政府机关已开始搬迁、撤退。

中国营造学社暂时被解散，许多人纷纷离开北平。但由于一双儿女尚且年幼、岳母年老，林徽因病体未愈，梁思成因早年的车祸患上了脊椎软组织硬化症，行动不便，因此，梁思成一家还没有办法立刻动身离开北平。1937年8月，他突然收到“东亚共荣协会”的请柬，邀请他参加会议，日本人已经注意到这位知名的建筑学家。身为中国人，他怎么可能去当汉奸？如果不早日脱身，日本人一定不会放过他，所以，梁思成决定马上离开北平。他当时最放心不下的是中国营造学社这些年的研究资料，其中包括调查报告和大量的测绘稿、照片、模型档案、图书。这些研究资料凝聚着他们多年的心血，是研究建筑史的珍贵资料，绝不能落入日本人手中。于是，梁思成和中国营造学社的几位成员将这些资料整理打包，在后来到达天津时，将它们存入天津英租界的银行保险库中。另外，他把自己写的关于新发现的几处古建筑的英文论文寄给已经回到美国的费慰梅，希望能在国外发表。

1937年9月，梁思成带领全家经天津、青岛、济南、徐州、郑州、武汉到达了长沙。长沙是他们的第一个目的地。北平沦陷后，北京大学、清华大学和南开大学决定将学校合并成一所联合大学，教师、学生和一些教学设备都被临时迁到了长沙。一时间，长沙汇聚了大批知识精英。梁思成的朋友金岳霖、张奚若等人也到了长沙。梁思成一家在火车站附近临时租了两间房子，开始了他们多灾多难的流亡生活。此后迎接梁思成一家的是一个又一个的灾难。多年以后，梁再冰回忆起那段生活时说：

1937年9月，父亲带领全家（包括外婆在内共五口）经天津、青岛、济南、徐州、郑州、武汉到达长沙，在火车站附近租了两间房子住。这是一所灰砖楼房，房东就住在楼下，后面有一个狭窄阴暗的天井。这同我们在北平住的那个院子中有丁香花的四合院（虽然也是租来的）相比，差别自然很大。父亲和母亲立即开始学习烧饭洗衣等家务劳动。给我印象最深的是，他们对于生活水平的明显下降毫不在意，而是带着兴奋和愉快的心情来迎接这种变化。

使我更难忘记的是父亲教我们唱《义勇军进行曲》的情景。那时，父亲的许多老朋友们也来到了长沙，他们大多是清华和北大的教授们，准备到昆明去筹办西南联大。我的三叔梁思永一家也来了（三叔是考古学家，曾对河南安阳殷墟的发掘工作作出过重要贡献）。大家常到我们家来讨论战局和国内外形势，晚间大家就在一起同声高唱许多救亡歌曲。“歌咏队”中男女老少都有，父亲总是“乐队指挥”。我们总是从“起来！不愿做奴隶的人们！……”这首歌唱起，一直唱到“向前走，别退后，生死已到最后关头！”那高昂的歌声和那位指挥的严格要求的精神，至今仍像一簇不会熄灭的火焰，燃烧在我心中。

11 月下旬的一个下午，突然有大批日机来轰炸长沙。由于事先没有警报，父亲竟以为是中国飞机来了，用手遮额跑到阳台上去看，直到炸弹在他眼前落地起火才跑入房中抱起了我（8 岁），母亲抱起了弟弟（5 岁），并搀扶着外婆下楼。这时门窗已震垮，到处是玻璃碎片。我们走到楼梯拐角处，第二批炸弹落下，墙上砖头向外飞出，母亲被震下几个梯级，落到院中。等我们出门跑到大街上时，飞机再次俯冲，炸弹第三次呼啸而来，父亲这时估计我们一家人可能“在劫难逃”了，但这批炸弹竟没有爆炸。

当晚，我们无家可归了。后来，张奚若伯伯把他们租来的两间屋子让了一间给我们，他们全家五口则挤在另一间里。我们的东西后来都是从泥土瓦砾中掘出来的。

在这次轰炸后不久，我们就离开了长沙前往昆明。父亲是北方来的这批知识分子中第一个去昆明的。当时同路没有任何熟人，一家人颇有孤单之感。但是，父亲并没有丝毫犹豫。

全家人侥幸从这次轰炸中逃生，梁思成感到不能再在长沙待下去了，得到一个相对安全的地方去。不久，他带领全家奔赴西南名城昆明，一路上经历了许多艰辛。

他们在路上艰难颠簸了四十天，终于在 1938 年 1 月到达昆明。由于旅途劳顿，加上本来脊椎就有伤病，刚到昆明不久，梁思成就病倒了。他不仅背部肌肉痉挛，剧烈疼痛，还有扁桃体脓毒，继而引发了牙周炎，他满口的牙齿都被医生拔掉了。那真是一段不堪回首的日子。

在昆明和李庄的日子

梁思成率全家到达昆明后不久，中国营造学社的成员刘敦桢、莫宗江、刘致平、陈明达也来到了这里。梁思成研究古建筑的热情被重新点燃了。老搭档们的到来，使得中国营造学社得以复社。

在昆明开展研究工作遇到的一大困难就是缺乏资料，这里没有像样的图书馆，梁思成他们只好借用当时的历史语言研究所的图书资料。为了躲避日寇的轰炸，他们随研究所搬离昆明市区，到市郊外的龙泉镇龙头村住下。中国营造学社的办公室就设在一间破旧的尼姑庵里。

梁思成和林徽因为自家设计建造了一栋当地农居式样的简易住宅，共有三间房屋，墙壁都是用泥夯实垒起来的，这就是他们在昆明的家。这是两位建筑学家一生中唯一为自己设计建造的一处住宅。后来，金岳霖在这栋住宅的一端加上了一间耳房，作为他的居室。

中国营造学社重新组建起来后，梁思成便率领学社的同人组成考察队，开始了对古建筑的考察工作。从 1939 年 9 月至 1940 年 2 月，梁思成和刘敦桢等人深入四川和西康地区，沿岷江、嘉陵江、川陕公路沿线进行了大规模考察。这些地区处于高山密林之中，地势险峻，道路崎岖，交通不便。他们有时步行，有时不得不乘坐滑竿越过陡峭的山路。而且，他们还受到疾病的威胁。当地疟疾流行，他们必须随身带上必备药物。由于山区卫生条件极差，多如牛毛的蚊蝇、跳蚤也使人烦恼不堪。

恶劣的自然环境没能阻挡考察队探索的脚步，在半年的时间里，他们几乎跑遍了大半个四川。他们发现了大量的汉阙和崖墓，这些古迹在黄河中下游地区已难得见到了。嘉陵江、岷江两岸的摩崖石刻也让他们兴奋、着迷。这些石刻多是唐代遗迹，其题材不同于云冈、龙门石窟的宗教题材，大都取材于世俗社会的楼阁殿宇，它们是研究我国唐代建筑的重要资料。

1940 年冬，为了躲避敌机轰炸，梁家和中国营造学社迁往四川南溪县李庄。出发前，梁思成却突然病倒了，不得不暂时留在昆明，身体虚弱的林徽因只能独自带着孩子们和母亲上路。不久后，梁思成病势减轻，也来到了李庄和家人团聚。

李庄的生活条件比龙头村更差。昆明气候温和、空气清朗，适宜病人休养康复；而李庄是位于四川长江南岸的一个小镇，气候潮湿，冬季经常阴雨连绵，夏季则酷热难耐。梁家住的两间简陋的房屋潮湿阴暗，到处都是臭虫。墙壁是用当地山上出产的竹篾抹上泥巴糊成的，房顶上盖的是席棚，蛇鼠常常出没其间。那里没有自来水和电灯，照明用的煤油也须节约使用。

在极端贫苦、恶劣的生活条件下，林徽因肺结核复发了，一连几周持续高烧不退。李庄没有医院可以进行肺部透视检查，更没有治疗肺结核的特效药，她只能慢慢消耗自己的体力和精气。疾病把林徽因折磨得日益衰弱，竟至卧床不起了。家庭生活的担子全部压在了梁思成肩上。

更让梁思成伤脑筋的是，中国营造学社的工作也困难重重。他们没有固定的经费来源，向“教育部”申请到的一点儿可怜的资助，又被日益严重的通货膨胀所吞没。

家里的伙食越来越差，林徽因进食又少，整个人已经形销骨立。为了改善家里的伙食，梁思成在繁忙的工作之余学会了烹饪——蒸馒头、煮饭、炒菜、腌菜这些活儿他都学会了，并且还学会了用橘子皮做果酱。家里实在拮据时，梁思成不得不把自己珍爱的派克钢笔和手表等贵重物品拿到宜宾的典当行当掉，以维持生计。

不久，传来了天津发洪水的消息，梁思成南下之前寄存在天津那家银行保险库里的资料全部被淹毁了。梁思成和林徽因听闻此消息，失声痛哭起来，这是他俩还有中国营造学社的同

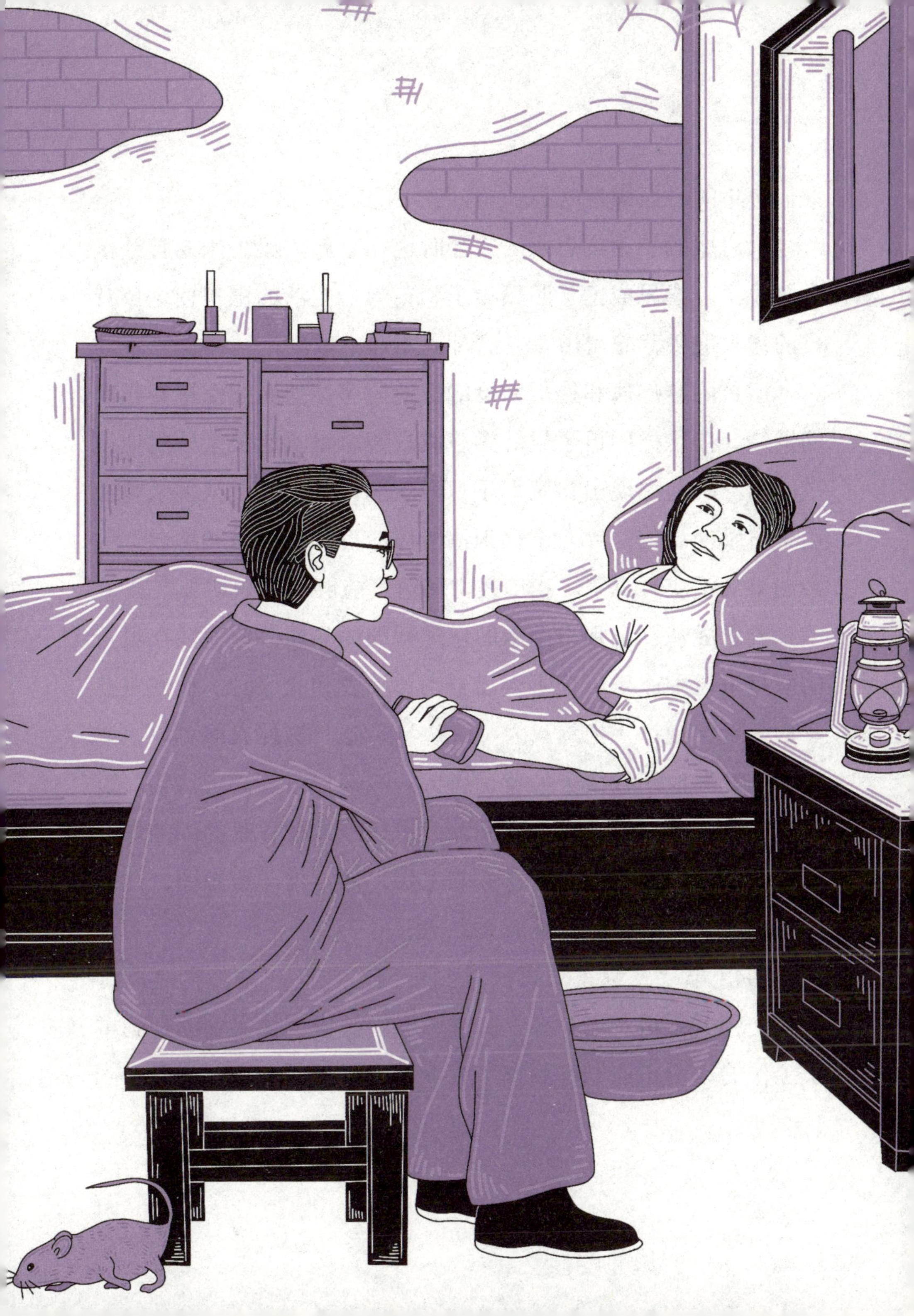

人们多年的心血积累呀！

梁思成的三弟梁思永一家当时也在李庄，梁思永的肺结核也复发了。梁思成忙于照顾妻子和弟弟，生活的重担使这位昔日的体育健将背驼得厉害，这时他才四十多岁。

但贫困、疾病和挫折并没能把他压垮，他始终保持着乐观的情绪。在这样的日子里，梁思成耳边总是响起父亲曾对他说过的话，眼前浮现出父亲那乐观开朗的样子。他记得父亲曾经用来自励的诗句："万事祸为福所倚，百年力与命相持。"父亲遇事从不灰心丧气，相信毅力和勇气能够战胜一切。

梁思成从父亲那里继承的乐观开朗的品质，使他能在艰苦的岁月里苦中作乐。在不得已要当掉手表和衣服时，他便跟孩子们开玩笑说："把这只表'红烧'了吧！这件衣服可以'清炖'吗？"他还教孩子们背诵唐诗，吟诵杜甫的爱国诗句，盼望着早日打败日寇，取得胜利。梁思成经常在昏暗的煤油灯下画建筑图纸，这是他非常喜爱的工作。他常常一边画图，一边哼唱歌曲。他没有因苦难而失去初心。

1942 年秋，费正清再次来到中国，他此次是作为美国国务院文化关系司对华关系处文官和美国驻华大使特别助理到重庆工作的。费正清专程到李庄去看望了梁思成一家，亲眼看到他们的贫困和艰难，他对梁思成能在这样艰苦的条件下坚持从事古建筑的研究工作深感钦佩。费正清回到美国后，曾写信劝说梁思成带林徽因去美国边工作边治病，美国的一些大学和博物馆也写信邀请梁思成去访问讲学。

梁思成回信说："我的祖国正在灾难之中，我不能离开她，假使我必须死在刺刀或炸弹下，我也要死在祖国的土地上。"

费慰梅晚年在《梁思成与林徽因》一书的中文版序言中写道："美国的读者看了这本书后，给我写信，说这本书带他们走进一个从来就不知道的中国，但这个故事的发展又使他们对于梁思成和林徽因的理想和毅力十分感动，甚至有的朋友感动得流泪。这两位非凡的人物，他们生活在一个剧变的时代中，历尽磨难，处处受到生存的威胁，但仍能坚持下去，为中国建筑研究作出伟大的贡献，这是一件了不起的事。"

抗日战争胜利了

1944年，抗日战争已进入战略反攻阶段，为了保护沦陷区的文物古迹，使其免遭炸毁，重庆成立了一个战区文物保存委员会，梁思成被任命为委员会的副主任，负责编制一套沦陷区重要文物建筑（包括寺庙、宝塔、博物馆等）的目录，并在军用地图上标明它们的所在位置。这份图录对保护我国建筑古迹起到了非常重要的作用。

1945年8月10日晚，梁思成和两位年轻的中国作家同费慰梅一起在美国驻华大使馆的食堂共进晚餐。饭后，他们一起到大使馆门廊前的山顶平台上乘凉，欣赏长江对岸夜晚的灯火。这时，远处突然传来了警报声，起初他们以为又要有空袭，但很快便传来日本宣布接受《波茨坦公告》的消息。霎时，整个山城沸腾了，人们激动地跑到大街上大声地欢呼，他们的耳畔不时传来噼噼啪啪的鞭炮声。

在这庆祝胜利的欢呼声中，梁思成站在山顶静静地凝视着如潮的人群，不禁眼眶湿润了。离开北平后的流亡生活已有八年了，他们苦苦煎熬了八年！他们期盼着抗日战争取得胜利，而当日思夜盼的喜讯传来时，他却不在家里，不能与妻儿一起欢呼胜利，心里多少有些遗憾。他按捺不住激动的心情，也走到大街上汇入欢呼的人群中。

第二天，梁思成和费慰梅同乘飞机抵达宜宾，又乘小船辗转回到李庄的家里。

缠绵病榻的林徽因听到胜利的消息，强撑起身体，坐着轿子到茶馆去，以茶代酒庆祝这来之不易的胜利。她向费慰梅倾诉了自她们分别以来自己所遭遇的变故。她虽然满身病痛，但仍保持着乐观的天性，期望着自己的病能治好，期望着能重新拿起笔，写她的建筑论文，还有她所钟爱的诗歌、小说和戏剧。

梁思成高兴地用家里仅有的一点儿钱买了酒和肉，邀请莫宗江来家里一起痛饮，庆祝胜利。他还趁着酒兴，和孩子们一起大声朗诵杜甫的诗句："剑外忽传收蓟北，初闻涕泪满衣裳。却看妻子愁何在，漫卷诗书喜欲狂。白日放歌须纵酒，青春作伴好还乡。即从巴峡穿巫峡，便下襄阳向洛阳。"

1946 年 7 月底，梁思成一家终于辗转回到了思念已久的北平。这时，抗日战争结束已经将近一年了。

赴美考察讲学

抗日战争胜利后，历经战乱的祖国已是千疮百孔，国家正是百废待兴的时候，急需培养一批建筑人才，以适应国家建设和发展的需要。早在抗日战争胜利前夕，梁思成就曾致信清华大学校长、当时的西南联合大学校务梅贻琦，建议清华大学在战事结束后增设建筑系。梅贻琦非常赞同梁思成的提议，决定在工学院开设建筑系，聘请梁思成为建筑系主任。梁思成便开始着手新的工作。

1946 年，清华大学计划派遣梁思成赴美考察当代美国大学的建筑学教育。正在这时，梁思成收到了耶鲁大学和普林斯顿大学的邀请函。耶鲁大学邀请他于 1946 至 1947 学年作为客座教授到纽黑文去教授中国艺术和建筑，普林斯顿大学邀请他参加 1947 年 4 月“远东文化与社会”国际研讨会的领导工作。两所大学都在邀请函中赞扬了梁思成不畏艰难险阻，坚持研究中国建筑史并发表研究成果的顽强毅力。他之前发表的一系列论文引起了国际学术界的注意，战时出版的两期《中国营造学社汇刊》更为他赢得了广泛赞誉。他一时间成了知名人物，受到西方同行的关注。同时作为两所著名大学的嘉宾赴美，梁思成的美国之行被赋予了更加重要的意义。

此次美国之行，他带上了在李庄时写下的即将完稿的英文稿本，以及在中国营造学社时收集的一些图片资料，准备在美国找一家出版社出版，这些稿本和图片就是后来几经周折才得以问世的《图像中国建筑史》的原稿。

梁思成计划于 1946 年 9 月到达耶鲁大学，但因为要排队等候跨越太平洋的邮轮的舱位，直到 11 月他才抵达美国纽黑文。在耶鲁大学的塞布鲁克学院安顿下来后，梁思成随即让校方把他带来的照片和建筑图制作成幻灯片，这些幻灯片后来成为耶鲁大学美术图书馆的珍贵藏品。

1947 年 2 月，梁思成受国民政府外交部委托，出任联合国总部大厦设计委员会的中国代表，参与联合国大厦的设计。这使梁思成有机会结识了来自世界各地的杰出建筑师。当时正在协助纽约建筑师事务所哈里森掌控联合国大厦工程的年轻美国建筑师乔治·杜德利后来撰文回忆了他在 1947 年对梁思成的印象：

他的加入对联合国设计委员会是一大好事，尽管我们当中很少人知道他或他的成就。他给我们的会议带来比任何人更多的历史感，远远超越勒·柯布西耶所坚持的直接历史感——他坚持远离布杂艺术风，对文化变迁倒没什么反应。思成则建议联合国秘书处大厦，一如历代重要的中国建筑那样坐北朝向，长长的前厅入口朝向温暖的南面。可是他事先没有想到，大厦选址在东河之滨，那四十层大厦最好坐落在地基的四十二街那一头，这样多数公务人员可以直接进来，若按思成的设计，就意味着北面整个地区都要长年笼罩在阴影之中。于是他悄悄地又是大方地撤回了他的意见。

杜德利还说，梁思成对尼迈耶那从北到南高层平板的建筑方案给予了热情支持，这个方案最后得到委员会的一致批准。

梁思成非常认真地对待联合国大厦的工程。委员会的讨论使他增强了对于城市规划及建筑和自然环境的关系的认识，他也因为有机会和背景大不相同的专业人士接触而受到激励。

梁思成在美期间还抽空回到了母校宾夕法尼亚大学，并和一些老同学愉快地会面；去克兰布鲁克学院看望了自己还在中国时就已读过其著作的埃罗·沙里宁；到田纳西州参观了刚刚竣工的田纳西河流域管理局出色的建筑工程。之后，他又来到了剑桥市，在哈佛大学的福格艺术博物馆做了关于中国建筑的报告。他还和美国朋友费正清、费慰梅、史坦因夫妇等人快乐重逢，受到了大洋彼岸朋友们的热情欢迎。

到耶鲁大学讲学是梁思成此行的一项重要工作。在这里，他遇到了耶鲁大学建筑系的青年教师邬劲履。邬劲履于 1945 年毕业于哈佛大学建筑学院，毕业后来到耶鲁大学做城市规划研究。梁思成和邬劲履一见如故。邬劲履被指派重新设计毁于战火的耶鲁大学中国长沙校区，需要请中国专家指导；而梁思成热切地希望同邬劲履探讨战后中国的建筑学教育及其发展，并想从邬劲履那里了解哈佛大学和耶鲁大学这两所学校的建筑学院最新的教学课程。

邬劲履根据自己近期对欧美建筑和城市规划的研究，列出一张建筑方面的书单，他认为这些书是清华大学新设的建筑系图书馆所应备的。梁思成将按照这张书单购置的书籍都寄回了清华大学，它们至今仍保存在清华大学图书馆里。

来自普林斯顿大学的荣誉

1947年4月初，普林斯顿大学为庆祝建校二百周年，举办了为期一年的纪念活动，“远东文化与社会”研讨会是这个纪念活动的一部分。会议邀请了六十多名专家，他们的研究大都和中国有关，其中包括美国在此领域中的权威人物和来自欧亚的著名学者。会议的讨论专题涉及中国研究的各个方面。在这次会议中，会议的组织者、普林斯顿大学的中国艺术专家乔治·劳利教授认为梁思成是顶尖人物。劳利曾于二十世纪三十年代中期访问过北平，知道梁思成一直致力于修复中国建筑遗存，并对梁思成广泛的艺术兴趣印象颇深。劳利的亲密合作伙伴、研究中国和日本建筑的美国专家亚历山大·索佩尔教授多年来一直通过《中国营造学社汇刊》跟踪梁思成的研究，这两位学者对梁思成的开拓精神及其在抗日战争期间的磨难和匮乏中表现出的执着十分钦佩。他们很高兴地把他介绍给参加这次盛会的同行们，其中有许多人了解过他的研究成果，有的还在抗日战争之前在北平见过他。会议期间举行了一次梁思成的研究成果图片和照片展览，他应邀做了学术报告，此外，还出席了其他人的讲演会并参加了讨论。

研讨会结束时，普林斯顿大学在拿骚厅举行了一个特别仪式，授予杜维文达克和梁思成两人荣誉博士，以表彰杜维文达克在传统汉学方面和梁思成在中国建筑史方面的显著研究成果。

普林斯顿大学的校长在对梁思成的赞词中写道："文学博士梁思成：一个创造性的建筑师，暨建筑史的讲授者，在中国建筑史研究和探索方面的开创者，也是恢复、保护他本国建筑遗存的带头人。"此外，梁思成还拥有一串显眼的头衔：中国营造学社社长、清华大学建筑系主任、清华大学建筑研究所所长、联合国大厦设计委员会委员、耶鲁大学美术系访问教授。

普林斯顿大学至今仍保存着梁思成在接受荣誉学位时写给校长多兹的一封信。他在信中写道："对一个只不过花了太多时间和精力，来追寻也许仅仅是满足其闲情逸致的好奇者而言，这样的奖赏实在是过高了。"言语之间，表现了梁思成的谦虚和机智。在那样的艰苦岁月里做研究谈何闲情逸致？他却把自己的研究说得那么轻松，充分显示出他淡泊名利、超然物外的学者风范。

在美国的一年多的时间里，梁思成参观考察了许多新建筑；访问了许多著名的建筑大师；参加了一系列学术会议，接触到有关城市规划、园艺学、生理学、公共卫生学等方面的专家。他接触到的很多学术流派都强调建筑设计和规划的目标以人为主体，强调对人的关怀，强调建筑的目的就是要使人们在生活和工作中感到舒适，并注重建筑在视觉上的美观。

这些都为梁思成日后在清华大学的工作拓宽了思路。1947年夏，梁思成在美国接到林徽因病情恶化的电报，于是匆匆结束讲学和考察工作，回到了北平。

设立清华大学营建学系

在美国的讲学和考察使梁思成了解了西方现代建筑学教育观念，也让他对建筑师的培养和教育有了新的看法。他说："建筑师的知识要广博，要有哲学家的头脑，社会学家的眼光，工程师的精确与实践，心理学家的敏感，文学家的洞察力……但最本质的，他应当是一个有文化修养的综合艺术家。"

梁思成将清华大学的建筑系改名为"营建学系"[①]，设立"建筑学"和"市镇规划"（这是我国高校首次设立城市规划专业）两个专业。他还计划以后将营建学系改为营建学院，下设建筑系、市镇规划系、造园系、工业技术学系等。

为了培养理想中的建筑师，梁思成将营建学系的课程设为文化及社会背景、科学及工程、表现技巧、设计课程、综合研究五大类。

1949 年，梁思成在《文汇报》上发表了《清华大学营建学系（现称建筑工程学系）学制及学程计划草案》，进一步阐述了他的建筑学教育思想。在这份计划草案中，他将课程划分

---

① 后又将"营建学系"改回"建筑系"，为方便阅读，除此节外，均采用"建筑系"。

得更细致，着重规划三个方面的教育。第一，理工与人文学科相结合，在理工教学中重视社会科学知识教育，增设社会学、经济学、人口问题、土地利用、社会调查等课程，重视对城市“体形环境”的研究。第二，重视历史课，开设中外建筑史、中外美术史、雕塑史等必修课程，使学生更好地了解建筑发展和演变的历史规律，准确把握学科发展方向，避免对建筑产生机械、死板的理解。第三，重视艺术训练，开设建筑画、素描、

水彩、雕塑、建筑图案等课程，旨在提升学生的艺术修养。

事实证明，在当时国内无先例可参照的困难条件下，梁思成这一大胆、开放的建筑学教育思想是具有开创性的，而且课程的设置也很有远见，特别是他的“理工与人文学科相结合”的教育理念，在今天的大学教育中仍然具有很强的指导意义。社会学、经济学、人口问题和土地利用等，如今仍是城市规划建设中必须考虑的重要因素。

广纳人才

梁思成热情地邀请吴良镛、刘致平、莫宗江和罗哲文等建筑学人才到清华大学建筑系执教，着力为清华大学建筑系配备师资力量。例如，1949年6月，他怀着极大的喜悦致信在南京工作的童寯，盛邀他来清华大学为母校尽力。他在信中写道：

老童：

恭喜你们也解放了。现在虽然少迟了几天，但我仍以“老区”的资格来向你致贺。清华比北平城早获解放一个月，从解放的第一天起，解放军的纪律就给了我们极深的印象。接着与中央方面的种种接触，看见他们虚怀若谷，实事求是的精神，耳闻目见，无不使我们心悦诚服而兴奋。中国这次真的革命成功了……前途满是光明。这不是jargon（左川注：原意为难懂的话，此处意为并非奢谈），而是真诚老实的话。南京解放后，想你们必也同感。

现在北京已安定下来，并且已展开了建设工作。北平是新中国的首都，以后需要大量的建筑师，并且需要训练大量的新建筑师。我企盼你早早地北来……从清华及我个人的立场说，我恳求你实践我们在重庆的口约，回来提携母校的后进。我已对学生说了多少次你早已答应过来清华，他们都在切盼。清华建筑系的师资太缺乏了，你若肯来，可以给我们无量的鼓励。因此双重原因，我恳切的求你毅然离开南京，来为母校养育后辈。我知中大也需要你，但在宁沪的建筑师多，总可找个替身；而清华之需要老兄，却是迫切之至。

北京旅程的一切，政府都能为你准备，企盼早日赐覆。即颂

双福

弟　思成　恳切拜上

徽因　附候

虽然童寯未能应邀前来，但不久，梁思成在负责筹建中国建筑总公司期间，从江南邀请来了二十多名青年建筑师。

此外，梁思成还邀请著名的美术家、雕塑家和经验丰富的建筑师来清华大学授课。梁思成不拘泥于学历和身份地位，广纳人才，他也邀请过一些学历不高但有专业特长的人来清华大学工作。当时厦门有一位年轻人给梁思成寄来一封自荐信，他在信中说自己热爱城市规划事业，也自学了一些城市规划方

面的知识，但是没有正规的学历，很希望自己能到清华大学建筑系工作。梁思成思考后，大胆地决定录用他。清华大学建筑系还遵循“量才而用”的原则招聘了一些办事员和描图员。经过梁思成的努力，初成立的清华大学建筑系拥有了一支人人各具专长的教师队伍。

梁思成在清华大学建筑系提倡民主的学风。他平易近人，从不在学生面前摆架子。清华大学建筑系学生梁友松回忆起他在1949年第一次见到梁思成的情景时，这样描述道：

“这是我第一次见到我们的系主任，他身材瘦小，眼镜后面两目炯炯有神，还带着一丝孩子气的笑意，这是个和蔼可亲，乐天淳厚的长者。他说话时表情丰富，一手……打手势，极富幽默感。我也夹在老同学中出神地听着，一下子我就觉得和这位高不可攀的系主任的距离拉近了，以后我在先生面前就一直是自自在在的，我相信所有的同学都会有同感。”

建筑系成立之初，系图书室里还没有什么书，绝版的善本更是没有，因此梁家的藏书就成了全系的财富。不论哪一个学生，都可以到梁家去借书。如已绝版的Vigal水彩集、Flinr的英国水彩人物集等，整天都在学生们手中传阅，在他们心目中，梁家的书也就是系里的书。这在爱书如命的知识分子中，是一种令人难以置信的慷慨之举。

梁思成的幽默诙谐使学生在他面前丝毫不拘谨，师生都感到自在舒畅。梁友松还回忆道：

“那时四个年级在一个大教室里，我觉得很有好处，高年级的同学固然常到我们的图板边提意见，或者在做渲染透视图时助一臂之力。我们也常常对高年级的作品评头论足，言之有理也好，胡说八道也好，至少系里形成了一种学术民主，互相切磋的风气。……四个年级的同学感情竟如同班一样，我后来觉得这正是梁先生施教的方式，一方面学术民主，鼓励学生表达不同意见，另一方面让大家互相影响，互相取他人之长，使学生在不知不觉中混成一种朴质的学风。这就是不苟同也不固执拘泥，心胸开阔，接纳百川汇集。”

梁思成非常重视培养学生的动手实践能力。他曾经打算在清华大学建筑系设置一个像美国宾夕法尼亚大学那样的工作室，让学生能在工作室里从事各种手工活动。但是，当时清华大学还没有条件设置那样的工作室，他的想法未能实现。

梁思成的教育思想，反映出他作为一位杰出的建筑学家对世界建筑学科发展方向的敏锐把握。这正是他高出同辈其他建筑学家的地方。即使在今天，他的建筑学教育思想仍然闪烁着智慧的光芒。

保护北平古建筑

1948 年冬，清华园解放了。中国人民解放军为了保护这座高等学府和教师、学生的安全，派兵驻守护卫。但北平还没有整体解放。

作为建筑学家的梁思成和林徽因日夜为北平这座古都的命运而担忧、焦虑：那么多恢宏壮丽的古建筑千万不能毁于炮火之中啊！

一天晚上，张奚若带领两名解放军军官来到梁思成家。他们摊开手中的军用地图，请梁思成在地图上标出重要古建筑的位置，划出禁止炮弹轰击的地区，以免炮火毁坏了这些古建筑。听了两位解放军军官的一席话，梁思成和林徽因感到万分惊喜，他们没有想到人民解放军能够这样重视对文物古迹的保护，能够这样尊重建筑学家的意见，不禁对中国共产党和党领导下的人民军队产生一种信赖和亲近的感情。

北平和平解放后，梁思成连忙召集建筑系的部分师生，根据他在多年考察工作中所收集的资料，仅用一个多月的时间就编出了一本《全国重要文物建筑简目》，并附上《古建保护须知》。这本简目由华北高等教育委员会图书文物处大量印刷，发给各路解放军，这使许多珍贵的文物古迹在战火中得以幸存下来。后来，这本书成为中华人民共和国成立后我国文物古迹保护的重要指导书目。1961 年，国务院公布的《第一批全国重点文物保护单位的名单》和《文物保护管理暂行条例》就以此书为蓝本。

1948 年，梁思成发表了《北平文物必须整理与保存》一文。针对当时社会上有些人（包括一些学者）对于文物整理保护工作所持的偏见，梁思成在这篇文章中阐述了自己的看法，他从体形环境、都市计划和保护文化遗产方面阐明了北平古建筑的历史地位和艺术价值，及其今后潜在的旅游价值，帮助人们认识保护古建筑的意义及必要性和迫切性。他在文中写道：

> 我们假设把北平文物建筑视作废而无用的古迹，从今不再整理，听其自然，则二三十年后，所有的宫殿坛庙牌坊等等都成了断瓦颓垣，如同邦卑（Pompeii）故城①（那是绝对可能的）。试问那时，即不顾全国爱好文物人士的浩叹惋惜，其对于尚居住在北平的全市市民物质与精神上的影响将若何？其不方便与不健全自不待言。在那样颓败倾圮的环境中生活着，到处破廊

①邦卑故城：今译为“庞贝古城”。

倒壁，触目伤心，必将给市民愤慨与难堪。一两位文学天才也许可以因此做出近代的《连昌宫词》，但对于大多数正常的市民必是不愉快的刺激及实际的压迫。这现象是每一个健全的公民的责任心所不许的。

论都市计划的价值，北平城原有（亦即现存）的平面配置与立体组织，在当时建立帝都的条件下，是非常完美的体形秩序。就是从现代的都市计划理论分析，如容纳车马主流的交通干道（大街）与次要道路（分达住宅的胡同）之明显而合理的划分，公园（御苑坛庙）分布之适当，都是现代许多大都市所努力而未能达到的。美国都市计划权威 Henry S. Churchill 在他的近著《都市就是人民》（*The city is the People*）里，由现代的观点分析北平，赞扬备至。

北平的整个形制既是世界上可贵的孤例，而同时又是艺术的杰作，城内外许多建筑物却又各个的是在历史上、建筑史上、艺术史上的至宝。整个的故宫不必说，其他许多各个的文物建筑大多数是富有历史意义的艺术品。它们综合起来是一个庞大的“历史艺术陈列馆”。……无论如何，我们除非否认艺术，否认历史，或否认北平文物在艺术上历史上的价值，则它们必须得到我们的爱护与保存是无可疑问的。

今天我们重温梁思成这段话，结合我国改革开放以来经济建设的社会现实，仍然能感受到一位建筑学家超凡的远见卓识及其对于现实的指导意义。

迎接解放

1948年11月底到12月初，国民党当局眼看大势已去，企图盘踞江南一隅，强迫北平各大学南迁。他们派人到清华大学、北京大学等大学企图说服校长们迁校，声称“在遇万一时，政府为保持民族文化，决定全力设法抢救”。

清华园内围绕着迁校问题展开了激烈的讨论，梁思成极力反对迁校。其实，早在1947年梁思成还在美国考察讲学时，就已经决定了自己的去留。他热爱北平，不愿离开这座美丽的古都，而且在解放战争的后期，他也认识到了国民党政权的腐败堕落，在清华大学和其他大学“反饥饿、反内战”的运动中，国民党政府曾派出大批军警四处搜捕、殴打学生，镇压学生运动。梁思成虽然和中国共产党接触不多，但所见事实使他感到中国共产党是一个真心为人民办事的政党，特别是经过保护古建筑那件事，他更坚定了留下来的决心。

1949年1月，北平和平解放。亲历十几年战乱的梁思成和林徽因终于迎来了和平，他们感到无比兴奋和欣慰，清华园里也一片欢腾。革命的胜利使青年人个个欢呼雀跃，他们热血沸腾地踊跃加入革命队伍。北平各大学的文科学生近一半都报

名参加了南下工作团，梁思成的女儿梁再冰也报名了。梁思成和林徽因积极支持女儿到革命队伍里接受锻炼。梁再冰离家时，建筑系的教师们到梁家为她送行。兴致勃勃的梁再冰穿着缝制粗糙的厚厚的棉军服，腰间扎着一根皮带，头戴一顶军帽，显得英姿飒爽。小儿子梁从诫在人群中跑来跑去，拿着一台照相机为人们拍照。送行的人们看到林徽因镇定自若地嘱咐着女儿，感到有些惊奇，不明白她怎么舍得让唯一的女儿离开自己，她的身体那样虚弱，女儿这一去也许就意味着永诀。梁再冰临行前和父母拍了一张合影，微笑着和父母拥抱告别后便上了车，奔赴革命队伍。

积极参政议政

刚刚成立的人民政府设立了中央直属修建处，负责对一些旧有建筑进行改建及修建新的建筑。梁思成被聘为中央直属修建处的顾问。他领导清华大学建筑系的教师完成了中南海怀仁堂的改建设计，并指导了具体的基建工作。

此外，梁思成还被聘为中国人民政治协商会议（以下简称“全国政协”）筹委会“国旗国徽初选委员会”顾问，亲身感受到了全国政协热烈、民主的讨论气氛。他积极主张把田汉作词、聂耳作曲的《义勇军进行曲》定为国歌，后来果然通过了，他感到特别高兴。

在解放后的第一年，人民政府清除了北京旧城区遍布的垃圾堆、污水塘和粪坑，清理了垃圾，取消了市内的粪坑、粪箱、粪厂，清除了城内积存的大粪。修复疏通了下水道，修建平整了大小街道、胡同路面。梁思成作为建筑学家，一向关心城市的规划和建设，早在国外考察时，他就已经在思考中国的城市规划和建设问题。当他亲眼看到中国共产党领导下的人民政府在短短一年的时间里下大力气整治城市面貌，使北京城焕然一新时，他真切地感到中国共产党是个为人民大众服务的政党。

第七章 | 新生的事业

献给新中国的第一份礼物

1949 年 7 月 10 日，中华人民共和国成立前夕，全国政协筹委会在《人民日报》等各大报刊刊登了公开征集国旗、国徽图案及国歌词谱的启事。梁思成作为“国旗国徽初选委员会”顾问，几乎天天都要去委员会工作。终于，国歌和国旗定下来了，国歌是《义勇军进行曲》，国旗定为五星红旗。梁思成带领设计小组确定了国旗的比例，并为国旗的五颗星星设定了准确的坐标位置。国徽的设计征集到来自全国各地近千份投稿，但由于水平不高，这些设计都未被选用。于是，全国政协邀请中央美术学院和清华大学建筑系分别组织人力重新设计。清华大学建筑系成立了以梁思成、林徽因为首的设计小组，主要参与人员有莫宗江、汪国瑜、朱畅中、胡允敬、张昌龄、李宗津等。

有一次，梁思成带回了评委们从那些应征稿件中选出的一部分图案资料，给大家评看，这些图案中没有突出的或特别有个性的作品。有些图案明显是模仿外国的国徽，还有些图案花花绿绿的很不庄严，商标味特别浓。梁思成和林徽因专门召集设计小组的同志们开讨论会，分析国徽和一般商标的区别。梁思成还讲明中国的国徽应具有中华民族的特色，要能表现中国人民的自豪感。

林徽因找出了一些其他国家的国徽图案，以便给大家启发。她还找出一些古代的铜镜、玉环、玉璧等工艺美术作品作为参考，以激发大家的灵感。

全国政协在一次会议上决议以天安门作为国徽主体图案，针对这一设计，梁思成传达了国徽审查小组的要求并发表了他个人的意见。他认为：

第一，国徽不是一张图画，不能像风景画。长城也好，天安门也好，中国人能画，外国人也能画。国徽主要是要表现中华民族的精神，所以是以天安门为主体进行设计，而不要成为天安门的风景画。

第二，国徽不能像商标。国徽主要是驻国外的大使馆悬挂，绝不能让它成为商标，有轻率之感。

第三，国徽必须庄严。梁思成认为国徽必须是庄严的，最好避免用飘带。颜色也不宜太热闹、庸俗，以免有损庄严感。

第四，要考虑到制作。太复杂的图案在雕塑上不容易处理，过多的颜色在制作时也存在技术上的困难，很难保证每次制作都绝对相同。

经过设计小组的反复讨论，他们决定放弃用多种色彩绘制国徽图案，而是只采用我国传统的象征吉祥的金、红二色，这样不仅会使国徽显得庄严美丽，而且醒目大方，具有鲜明的中国特色。他们还确定主体图案天安门采用立面图，强调天安门在视觉上的广阔深远的感觉。林徽因还建议把两个华表向左右方向拉开距离，加强整体上的开阔感和稳定感。

这一年，梁思成常常生病，林徽因则只能半卧在床上工作。他俩和大家一起出方案、讨论，常常工作到深夜。林徽因只能伏在床上使用小几案画图，累了就往后面靠一靠，稍事歇息。他们家里也堆满了资料和图纸。一次，梁再冰从南方回来探望父母，进门只见屋里像个大作坊，地毯上铺满了画有各种图案的纸片和资料，显得乱糟糟的，完全不似往日整洁有序的样子。更让她吃惊的是，重病在身的母亲竟还乐此不疲地画着图。

经过三个多月的昼夜奋战，一个定型的国徽图案诞生了。而梁思成和林徽因却双双病倒了，只好派朱畅中去参加在中南海怀仁堂举行的国徽评选会议。这次参评的有两个方案，一个是清华大学的方案，另外一个是中央美术学院的方案。梁思成他们设计的国徽图案以金色五星和天安门为主要内容。五星象征中国共产党的领导与全国人民的大团结；天安门象征着新民主主义革命的开始，以及在此宣告新中国的诞生；以革命的红色作为天空，象征无数先烈的流血牺牲。下方正中为一个完整的齿轮，两旁饰以麦稻穗，象征以工人阶级为领导，工农联盟为基础的人民民主专政；通过齿轮中心的大红丝结，象征着全国人民空前巩固团结在中国工人阶级的周围。在整体上，象征中国人民自“五四运动”以来的新民主主

义革命斗争和工人阶级领导的以工农联盟为基础的人民民主专政的新中国的诞生。

中央美术学院的方案，天安门图像是一幅彩色的风景画，天安门一头大一头小，一头高一头低，看起来有较强的透视感；华表只有一个，立在一侧，蓝天黄瓦，红柱红墙，加上金水桥的白石栏杆和白石华表，地面上铺着石块和青草。

在评选会上，评委们对两个方案反复论证，有人认为清华大学的方案好，有气魄，布局严谨，构图庄重，富丽大方，有民族特色。也有人认为中央美术学院的方案好，透视感强，色彩明朗。多数评委赞成清华大学的方案，评委们又对清华大学的方案提出一些修改意见，指出麦稻穗不要下垂，要向上挺拔，使之在造型上更美观，也更能突出展现时代的精神风貌。

梁思成和设计小组根据评选会的意见对原图案进行了修改，并将修改后的图案送往中南海。

1950 年 6 月 23 日，全国政协第一届第二次会议召开，一致通过了梁思成领导的清华大学设计小组设计的国徽图案。林徽因作为特邀代表列席参加了这次大会，梁思成却因病未能到场。当代表们全体起立时，林徽因激动得热泪盈眶，她病弱的身体几乎已经快要支撑不住这巨大的喜悦了。

在设计国徽的过程中，梁思成和林徽因倾注了他们对祖国的挚爱，付出了他们的心血和智慧。国徽图案的构思，更体现了他们对自己祖国的深厚感情和对中国共产党领导的新中国的拥护，并寄托了他们无限的希望。

1950 年的国庆节，梁思成、林徽因、莫宗江来到天安门金水桥头，仰望着高高悬挂在天安门城楼上的国徽，流下了激动的泪水，这是他们献给新中国的第一份礼物。

参与拯救景泰蓝

北京琉璃厂是有名的玉器古玩市场，从明清时代起便是书市荟萃之地。《四库全书》总目协勘官程鱼门有诗称：“势家歇马评珍玩，冷客摊钱问故书。”

早在二十世纪二三十年代，梁思成和林徽因就经常光顾这里，他们常常在出售古旧书籍和各类古董的小摊前流连忘返。这里有卖珍玩玉器、古老佛像和一些金银饰品的古董摊，还有面具摊、香烛摊、风筝摊等卖各种小玩意儿的小摊子，商品琳琅满目、五光十色。

新中国成立后，梁思成和林徽因依然喜欢来这里。一天，他们又来到了琉璃厂。在一个古玩摊上，一只景泰蓝花瓶吸引了他们。林徽因对梁思成说，这只花瓶同她小时候在上海的祖父家看到的那只几乎一模一样。于是，他们买下了这只小花瓶。卖花瓶的老人告诉他俩，景泰蓝差不多要“绝根儿”了，北京的景泰蓝厂都已经办不下去了，就连老天利和中兴两个康熙时的老厂也难以维持了。听了老人的话，两个人心中十分不安，不禁为景泰蓝这一民族传统工艺品的命运感到担忧。景泰蓝是国宝，不能失传！如果真如老人所言，景泰蓝真的绝迹了，那该是多么令人遗憾、懊悔的事呀！

景泰蓝是中国的传统特种手工艺品，学名铜胎掐丝珐琅，它的制作工艺十分复杂，素以形制丰富、造型优美、色泽绚丽、做工精致、花纹细秀而著称，具有鲜明的民族风格和独特的艺术光彩。

景泰蓝的制作最早始于宋代，明代景泰年间发展最为鼎盛，制作工艺也有了发展和创新，做工粗犷有力，纹样健康饱满，色调典雅清秀，宫廷用品更是细润可爱。除了盒、花插、脸盆、蜡台等用品外，还可以制成与人一般高的大花觚和鼎、尊、缶等，装饰图纹常常是蕉叶、饕餮、缠枝莲、人物、花鸟、果实等图案。釉质凝重浓郁，有“蜜蜡”之感。釉色多以蓝釉作底，分为钴蓝、天蓝、宝蓝、普蓝、粉青金色等，有宝石般的光泽和美感，因此，景泰年间这种以蓝釉为主体风格的铜胎掐丝珐琅被称为“景泰蓝”。到了清代的康熙、乾隆年间，景泰蓝产业进一步繁荣，宫廷内外设置了许多景泰蓝制作点，生产规模大、品种多，器物风格由粗犷向鲜明、华丽、清秀演变。制品有圆球香炉、象足炉、长方凤纹盘、砚盒、椅、屏风、缸、床榻、筷子、枕头等大大小小的用品，装饰上常用八宝吉祥图案，花鸟和自然风物的应用也比较普遍。清嘉庆以后，景泰蓝开始走下坡路。清末民初，景泰蓝成为出口商品，民间作坊开始兴盛起来，出现了老天利、杨天利、德兴成、达古斋等商号，一些由商号制作的景泰蓝还曾获国际博览会金奖。到了二十世纪二三十年代，北京的景泰蓝作坊有一百多家，从业人员有两千多人，但此时的作品已渐趋繁缛、庸俗。抗日战争爆发以后，景泰蓝产业逐渐凋敝，濒于破产，从业人员不足百人，而且产品粗劣马虎，难得见到上品。

梁思成和林徽因为了拯救景泰蓝，使这一中华瑰宝不致失传，便决定在清华大学专门成立一个美术小组，改善景泰蓝的处境。

此时林徽因的健康状况已十分恶劣，她的肺部已布满了空洞，切除了一侧的肾，结核菌已从肺部侵入肾脏和肠道。她一天只能睡上四五个小时，食量也很小，每天顶多吃进二两饭。正是拖着这样的重病之躯，林徽因和梁思成、莫宗江他们一次次地跑到大大小小的景泰蓝生产厂，了解到这些厂子百年来一直是作坊式操作，图案单调，多是福禄寿康的吉祥图案和牡丹、荷花等花卉图案，缺少变化。所以产品缺乏竞争能力，不能适应市场的变化。他们认识到，调整生产结构、全面更新设计是拯救景泰蓝这一民族艺术的关键。

林徽因要求美术小组的人为景泰蓝设计新的图案，每个人都画出多个方案图。林徽因病得不能亲自握笔画图，她的构思常常由莫宗江执笔完成，莫宗江画的工笔图案特别精美。

1951 年，敦煌研究专家常书鸿在北京故宫午门城楼上举办敦煌艺术展，梁思成和林徽因带领莫宗江等人去观看了展览。这些展品是常书鸿多年研究的心血结晶。早年是梁思成将常书鸿介绍到敦煌艺术研究所的，这次看到常书鸿带来了许多精美的敦煌壁画摹本，梁思成和林徽因都特别激动。

受到敦煌艺术展的启发，林徽因突然有了新的艺术灵感。她大胆尝试将敦煌飞天这一艺术形象引入景泰蓝图案设计，并将自己的想法告诉了梁思成，梁思成非常赞成，随后由莫宗江按林徽因的构思绘出一套图样，然后将图样交给工厂投入试制。

新烧制出来的产品果然新颖独特、别具一格。

国家将这批新产品作为礼品赠送给正在北京参加“亚洲及太平洋区域和平会议”的代表和来访的苏联文化代表团的宾客，这批礼品获得了宾客很高的赞誉。苏联著名芭蕾舞演员乌兰诺娃接过林徽因设计的景泰蓝礼品时，高兴地说：“这是代表中国的礼品，真是美极了！”

自此以后，景泰蓝艺术被注入了新的活力，获得了飞速发展，由解放初的几个品种，发展到上百个品种，并因工艺水平高超而成为世界性的工艺品。至今，这一传统民族艺术仍屹立于世界民族艺术之林，显示出其强大的艺术生命力。

设计人民英雄纪念碑

北平解放后改名为北京，成为新中国的首都。1950 年 1 月，梁思成任北京市都市计划委员会（后改为城市建设委员会）副主任。

在此之前，1949 年 9 月 30 日下午，第一届全国政协会议结束，会议一致通过了建造人民英雄纪念碑的提案，并通过了纪念碑的碑文。

北京市都市计划委员会负责向全国征集纪念碑设计方案，不久便收到了一百八十多份方案意见。

这些方案大致有三种类型：第一，认为人民英雄来自广大工农群众，纪念碑应当有亲切感，建议纪念碑采用平铺在地面的方式；第二，建议用巨型雕像体现英雄形象；第三，建议用高耸矗立的碑形或塔形，来体现革命先烈高耸云霄的英雄气概和崇高品质。艺术形式上，有的主张采用中国传统形式，有的主张采用欧洲古典形式，也有的主张采用现代式。

1951 年 8 月，梁思成给当时的北京市市长写了一封长信，详细阐述了他对人民英雄纪念碑的设计意见，它实际上是一篇非常详尽的设计报告。从这封信中，我们可以看出梁思成为设计人民英雄纪念碑倾注了极多心血，这封信展现了一个建筑学专家严谨的科学态度和无私忘我的高尚精神，以及建设祖国的高涨热情。

梁思成在信中写道：

彭市长：

都市计划委员会设计组最近所绘人民英雄纪念碑草图三种，因我在病中，未能先作慎重讨论，就已匆匆送呈，至以为歉。现在发现那几份图缺点甚多，谨将管见补谏。

以我对于建筑工程和美学的一点认识，将它分析如下。

这次三份图样[①]，除用几种不同的方法处理碑的上端外，最显著的部分就是将大平台加高，下面开三个门洞。

如此高大矗立的，石造的，有极大重量的大碑，底下不是脚踏实地的基座，而是空虚的三个大洞，大大违反了结构常理。虽然在技术上并不是不能做，但在视觉上太缺乏安全感，缺乏“永垂不朽”的品质，太不妥当了。我认为这是万万做不得的。这是这份图样最严重，最基本的缺点。

在这种问题上，我们古代的匠师是考虑得无微不至的。北

①原文有配图，本书略去。

京的鼓楼和钟楼就是两个卓越的例子。它们两个相距不远，在南北中轴线上一前一后鱼贯排列着。鼓楼是一个横放的形体，上部是木构楼屋，下部是雄厚的砖筑。因为上部呈现轻巧，所以下面开圆券门洞。但在券洞之上，却有足够的高度的“额头”压住，以保持安全感。钟楼的上部是发券砖筑，比较呈现沉重，所以下面用更高厚的台，高高耸起，下面只开一个比例上更小的券洞。它们一横一直，互相衬托出对方的优点，配合得恰到好处。

但是我们最近送上的图样，无论在整个形体上，台的高度和开洞的做法上，与天安门及中华门的配合上，都有许多缺点。

（1）天安门是广场上最主要的建筑物，但是人民英雄纪念碑确是一座新的，同等重要的建筑；它们两个都是中华人民共和国第一重要的象征性建筑物。因此，两者绝不宜用任何类似的形体，又像是重复，而没有相互衬托的作用。天安门是在雄厚的横亘的台上横列着的，本身是玲珑的木构殿楼。所以英雄碑就必须用另一种完全不同的形体；矗立峋峙，坚实，根基稳固地立在地上。若把它浮放在有门洞的基台上，实在显得不稳定，不自然。

由上面两图中可以看出，与天安门对比之下，上图的英雄碑显得十分渺小，纤弱，它的高台仅是天安门台座的具体而微，很不庄严。同时两个相似的高台，相对地削减了天安门台座的庄严印象。而下图的英雄碑，碑座高而不太大，碑身平地突出，挺拔而不纤弱，可以更好地与庞大，龙盘虎踞，横列着的天安门互相辉映，衬托出对方和自身的伟大。

（2）天安门广场现在仅宽100公尺，即使将来东西墙拆除，马路加宽，在马路以外建造楼房，其间宽度至多亦虽超过一百五六十公尺左右。在这宽度之中，塞入长宽约四十余公尺，高约六七公尺的大台子，就等于塞入了一座约略可容一千人的礼堂的体积，将使广场窒息，使人觉到这大台子是被硬塞进这个空间的，有硬使广场透不出气的感觉。

（3）这个台的高度和体积使碑显得瘦小了。碑是主题，台是衬托，衬托部分过大，主题就吃亏了。而且因透视的关系，在离台二三十公尺以内，只见大台上突出一个纤瘦的碑的上半段。所以在比例上，碑身之下，直接承托碑身的部分只能用一个高而不大的碑座，外围再加一个近于扁平的台子（为瞻仰敬礼而来的人们而设置的部分），使碑基向四周舒展出去，同广场上的石路面相衔接。

（4）天安门台座下面开的门洞与一个普通的城门洞相似，

是必要的交通孔道。比例上台大洞小，十分稳定。碑台四面空无阻碍，不唯可以绕行，而且我们所要的是人民大众在四周瞻仰。无端端开三个洞窟，在实用上既无必需；在结构上又不合理；比例上台小洞大，“额头”太单薄，在视觉上使碑身漂浮不稳定，实在没有存在的理由。

总之，人民英雄纪念碑是不宜放在高台上的，而高台之下尤不宜开洞。

至于碑身，改为一个没有顶的碑形，也有许多应考虑之点。传统的习惯，碑身总是一块整石。这个英雄碑因碑身之高大，必须用几百块石头砌成。它是一种类似塔型的纪念性建筑物，若做成碑形，它将成为一块拼凑而成的“百衲碑”，很不庄严，给人的印象很不舒服。关于此点，在一次的讨论中我曾申述过，张奚若，老舍，钟灵，以及若干位先生都表示赞同。所以我认为做成碑形不合适，而应该是老老实实的多块砌成的一种纪念性建筑物的形体。因此，顶部很重要。我很赞成注意顶部的交代。可惜这三份草图的上部样式都不能令人满意。我愿在这上面努力一次，再草拟几种图样奉呈。

……碑的四面各用一块整石，四块合成，这固然不是绝对办不到，但我们不妨先打一下算盘。前后两块，以长 18 公尺，宽6公尺，厚1公尺计算，每块重约215吨；两侧的两块，宽4公尺，各重约137吨。我们没有适当的运输工具，就是铁路车皮也仅载重50吨。到了城区，四块石头要用上等的人力兽力，每日移动数十公尺，将长时间堵塞交通，经过的地方，街面全部损坏……

无论如何，这次图样实太欠成熟，缺点太多，必须多予考虑。英雄碑本身之重要和它所占地点之重要都非同小可。我以对国家和人民无限的忠心，对英雄们无限的敬仰，不能不汗流浃背，战战兢兢地要它千妥万帖才放胆做去。

此致

敬礼

梁思成

一九五一年八月二十九日

梁思成在这封信中还附了八幅图样，用原图样与他所设计的图样加以对比，使人一看便能分辨出优劣。

人民英雄纪念碑的设计方案在经过多次讨论研究之后，于1952年夏在由郑振铎主持召开的一次会议上拍板定案，决定采用梁思成在这封信中提出的方案。

身患重病的林徽因也是人民英雄纪念碑兴建委员会委员。此时，她已不能起床了，但在她的起居室兼书房里，仍放了两张绘图桌。林徽因主要承担纪念碑须弥座装饰浮雕的设计。她从总平面规划到装饰图案纹样，反复研究推敲，绘出图样并逐级放大，绘出人形，以保证正确的尺度。在设计风格上，她以唐代风格作为蓝本，和助手一起分析研究有关资料。经过两个月的时间，林徽因和关肇邺画了数百张图案，最后选定了以橄榄枝为主体的花环设计，花卉选用牡丹、荷花和菊花，象征高贵、纯洁和坚韧。须弥座的三个花环与基座的浮雕相互呼应，给人以庄严肃穆的感觉，为纪念碑的整体形象锦上添花。梁思成把林徽因抱病设计的纪念碑图案草稿都精心地保存了下来。

人民英雄纪念碑从动土兴建到最后竣工，历经近六个年头，花费了很多人力、物力，政府不仅成立了人民英雄纪念碑兴建委员会来负责实施，而且方案也经反复研究讨论，边施工边调整方案。

浮雕的主题定为“虎门销烟”“金田起义”“武昌起义”“五四运动”“五卅运动”“南昌起义”“抗日战争”“胜利渡江”八幅画面。

1958年，人民英雄纪念碑顺利竣工，它高高耸立于宽敞壮阔的天安门广场中央，成为中华人民共和国成立后献给千千万万革命英烈的一份礼物，也成为对全国人民进行爱国主义教育的永久性纪念物。

科学规划建设北京

刚刚迎来解放的北京百废待兴，作为中华人民共和国的首都，它的规划建设任务迫在眉睫，已被提到了政府的工作日程上。梁思成受到政府委托，具体负责领导北京的规划研究工作。这段时间，梁思成撰写了多篇文章，宣传城市规划的重要性和保护古建筑的重要意义。

1950 年 5 月，忙于北京城市规划建设的梁思成，又加入到一场围绕着北京古城墙的存废问题展开的辩论之中。

在刚开始规划建设北京时，就有人主张拆掉北京的古城墙，认为城墙是古代的防御工程，现在已失去其存在的价值，并认为城墙阻碍了城市的交通，限制了城市的发展。针对这种论调，梁思成奋起反驳，他撰写了《关于北京城墙存废问题的讨论》一文，详细地论证了古城墙不仅不会阻碍城市的发展，反而可以被利用起来自然划分城区，并表示古城墙是中华民族珍贵的历史文化遗产，是劳动人民智慧的结晶，应该予以保护。他认为古城墙周围可以建成一条“绿带”，使这里成为首都人民休闲娱乐的好去处。梁思成充满激情地描绘出了一幅未来古城墙的美丽图景：

城墙外面有一道护城河，河与墙之间有一带相当宽的地，现在城东、南、北三面，这地带上都筑了环城铁路。环城铁路因为太近城墙，阻碍城门口的交通，应该拆除向较远的地方展移。拆除后的地带，同护城河一起，可以做成极好的“绿带”公园。护城河在明正统年间，曾经“两涯甃以砖石”，将来也可以如此做。将来引导永定河水一部分流入护城河的计划成功之后，河内可以放舟钓鱼，冬天又是一个很好的溜冰场。不唯如此，城墙上面，平均宽度约十公尺以上，可以砌花池，栽植丁香，蔷薇一类的灌木，或铺些草地，种植草花，再安放些园椅。夏季黄昏，可供数十万人的纳凉游息。秋高气爽的时节，登高远眺，俯视全城，西北苍苍的西山，东南无际的平原，居住于城市的人民可以这样接近大自然，胸襟壮阔。还有城楼角楼等可以辟为陈列馆，阅览室，茶点铺。这样一带环城的文娱圈，环城立体公园，是全世界独一无二的。北京城内本来很缺乏公园空地，解放后皇宫禁地都是人民大众工作与休息的地方；清明前后几个周末，郊外颐和园一天的门票曾达到八九万张的纪录，正表示北京的市民如何迫切的需要假日休息的公园。古老的城墙正在等候着负起新的任务，它很方便地在城的四面，等候着为人民服务，休息他们的疲劳筋骨，培养他们的优美情绪，以民族文物及自然景色来丰富他们的生活。

1950年，梁思成与留英回国的建筑师陈占祥合作完成了《关于中央人民政府行政中心区位置的建议》，这篇文章以两万余字的篇幅，详细分析了北京城的特点、主要职能和在北京西郊近城地点设置政府中心的必要性，建议拓展北京西郊公主坟以东、月坛以西的适中地点为首都的行政中心区域。这样可以避免将中央政府机构分散在全城，与旧建筑物凌乱相处，既有利于政府机关之间的工作联系，又不会占用居民应有的园林绿化游憩面积；而且可以避免增加交通负担，给今后的发展留有余地，保持了北京城原有的完美布局，使古建筑不会遭受破坏。他在建议中还全面考虑到了北京市今后发展的人口密度问题、土地使用问题以及水电供应等问题。

但是这个方案遭到了诸多指责，未被通过。苏联专家认为应该将北京发展成一个大工业城市，要提高北京市工人阶级人口的百分比，建议将政府中心设在天安门广场及东西长安街上。

而梁思成还抱着一线希望，他希望将北京定位为像意大利的罗马和美国的华盛顿那样的以旅游为主的都市，保护好北京的古建筑。梁思成对于中南海新建宿舍问题也提出了自己的见解，并且详细绘制了几幅中南海宿舍图纸。这时，他已考虑到建筑的民族特色问题，主张摒弃那种有浓厚西方色彩的建筑，而采用中国传统的砖瓦顶，使它整体上与故宫、北海等建筑群和谐一致。

1951 年 4 月，梁思成满怀深情地写下了《北京——都市计划的无比杰作》，热情讴歌了祖国的首都北京，表达了对这座古老名城的无比热爱之情：

人民中国的首都北京，是一个极年老的旧城，却又是一个极年轻的新城。北京曾经是封建帝王威风的中心，军阀和反动势力的堡垒，今天它却是初落成的，照耀全世界的民主灯塔。它曾经是没落到只能引起无限“思古幽情”的旧京，也曾经是忍受侵略者铁蹄践踏的沦陷城，现在它却是生气蓬勃地在迎接社会主义曙光中的新首都。它有丰富的政治历史意义，更要发展无限文化上的光辉。

构成整个北京的表面现象的是它的许多不同的建筑物，那显著而美丽的历史文物，艺术的表现；如北京雄劲的周围城墙，城门上嶙峋高大的城楼，围绕紫禁城的黄瓦红墙，御河的栏杆石桥，宫城上窈窕的角楼，宫廷内宏丽的宫殿，或是园苑中妩媚的廊庑亭榭，热闹的市心里牌楼店面，和那许多坛庙，塔寺，第宅，民居。它们是个别的建筑类型，也是个别的艺术杰作。每一类，每一座，都是过去劳动人民血汗创造的优美果实，给人以深刻的印象；今天这些都回到人民自己手里，我们对它们宝贵万分是理之当然。但是，最重要的还是这各种类型，各个或各组的建筑物的全部配合；它们与北京的全盘计划整个布局的关系；它们的位置和街道系统如何相辅相成；如何集中与分布；引直与对称；前后左右，高下起落，所组织起来的北京的全部部署的庄严秩序，怎样成为宏壮而又美丽的环境。北京是在全盘的处理上才完整的表现出伟大的中华民族建筑的传统手法和在都市计划方面的智慧与气魄。这整个的体形环境增强了我们对于伟大的祖先的景仰，对于中华民族文化的骄傲，对于祖国的热爱。北京对我们证明了我们的民族在适应自然，控制自然，改变自然的实践中有着多么光辉的成就。这样一个城市是一个举世无匹的杰作。

我们承继了这份宝贵的遗产，的确要仔细的了解它——它的发展的历史、过去的任务，同今天的价值。不但对于北京个别的文物，我们要加深认识，且要对这个部署的体系提高理解，在将来的建设发展中，我们才能保护固有的精华，才不至于使北京受到不可补偿的损失。并且也只有深入的认识和热爱北京独立的和谐的整体格调，才能掌握它原有的精神来作更辉煌的发展，为今天和明天服务。

梁思成详细分析了北京从唐代的幽州城发展为元、明、清的都城的历史变迁，强调指出北京的城市格局呈现中轴线的特征。北京的体形大部分是基于实际用途而来，又经过艺术的处理而达到高度成功。梁思成认为，北京城平面呈凸字形，北半边是内城，南半边是外城，故宫为内城核心，也是全城布局的重心，北京城就是围绕着这一重心部署的。贯通全城的一条南北方向的中轴线长达八千米，是世界上最长、最伟大的中轴线，它一贯到底、气魄雄伟。

他还提到，北京的交通系统也都是有计划的、规整的，大街与小巷都有明确的分别，车辆主要在大街上行驶，保持了小巷住宅的宁静。用现代都市计划的原则来分析，这是一个相当合理、完全适合现代化使用的系统。

他介绍了古代北京的土地使用分区现象。内城除紫禁城为皇宫外，皇城之内的地区是内府官员的住宅区。皇城以外，东西交民巷是行政区。东西四牌楼是东西城的两个主要市场，如东四牌楼附近是猪市大街、小羊市、驴市胡同等，西四牌楼附近有马市大街、羊市大街、羊肉胡同、缸瓦市等。北京的外城，正阳门大街以东是工业区和比较简陋的商业区，以西是最繁华的商业区。

此外，他还在文中提到，北京可能是世界上文物建筑最多的城市。历代封建帝王的宫苑、坛庙、塔寺分布在全城，它们有着各自的历史和艺术价值。我们必须爱护文物建筑，爱护它周围的整体和邻近环境。梁思成还批评了不伦不类的洋式楼房及所谓的摩天高楼，认为它们破坏了民族建筑和谐统一的完美风格。他怀着对祖国古建筑的无限热爱，大声疾呼："我们不能坐视，也不能忍受一座或一组壮丽的建筑物遭受到各种各式直接或间接的破坏，使它们委曲在不调和的周围里，受到不应有的宰割。"

1951 年 8 月，梁思成又对长安街的规划问题提出了建议，对长安街上出现的一些与北京整体风格不和谐的建筑表示担忧，希望重视北京的体形环境，避免出现杂乱无序的局面。

这场关于古城墙存废问题的争论持续了好几年，后来，北京的古城墙还是遭到了拆除。

梁思成在家里听到拆除古城墙的消息，如坐针毡，他气得肺气肿也犯了，憋得喘不过气来。他痛彻心扉地说："这好比是在撕我自己的血肉，剥我自己的皮肤！"

相濡以沫

林徽因于 1930 年被确诊患有肺结核，那时她刚刚生下第一个孩子不久，年仅二十六岁，还是风华正茂的年纪。此后，可恶的病魔便终生缠绕着她。许多年来，林徽因拖着病体和梁思成一起从事中国古建筑的研究工作，还多次不辞劳苦地和梁思成一起跋山涉水，深入偏远地区进行古建筑调查活动。每到一处，林徽因都要做出详细的数据记录并绘制图画，有时她还会亲自进行测绘丈量。

林徽因与梁思成合写了许多篇古建筑调查报告，其优雅的文字、形象生动的描绘，显示了她高超的文学素养和非凡的艺术才华。她在《晋汾古建筑预查纪略》中这样描述龙天庙：

龙天庙在西岩上，庙南向，其东边立面，厢庑后背，钟楼及围墙，成一长线剪影，隔溪居高临下，隐约白杨间。在斜阳掩映之中，最能引起沿溪行人的兴趣。山西庙宇的远景，无论大小都有两个特征：一是立体的组织，权衡俊美，各部参差高下，大小相依附，从任何视点望去均恰到好处；一是在山西，砖筑或石砌物，斑彩淳和，多带红黄色，在日光里与山冈原野同醉，浓艳夺人，尤其是在夕阳西下时，砖石如染，远近般红映照，绮丽特甚。在这两点上，龙天庙亦非例外。谷中外人三十年来不识其名，但据这种印象，称这庙做“落日庙”并非无因的。

庙周围土坡上下有盘旋小路，坡孤立如岛，远距村落人家。庙前本有一片松柏，现时只剩一老松，孤傲耸立，缄默如同守卫将士。庙门镇日闭锁，少有开时，苟遇一老人耕作门外，则可暂借锁钥，随意出入；本来这一带地方多是道不拾遗，夜不闭户的，所谓锁钥亦只余一条铁钉及一种形式上的保管手续而已。这现象竟亦可代表山西内地其他许多大小庙宇的保管情形。

庙内空无一人，蔓草晚照，伴着殿庑石级，静穆神秘，如在画中。两厢为“窑”，上平顶，有砖级可登，天晴日美时，周围风景全可入览。此带山势和缓，平趋连接汾河东西区域；远望绵山峰峦，竟似天外烟霞，但傍晚时，默立高处，实不禁古原夕阳之感。近山各处全是赤土山级，层层平削，像是出自人工；农民多辟洞“穴居”耕种其上。麦黍赤土，红绿相间成横层，每级土崖上所辟各穴，远望似平列桥洞，景物自成一种特殊风趣。沿溪白杨丛中，点缀土筑平屋小院及磨坊，更显错落可爱。

这样的笔法，实在是一种文学的描绘，其语言纤丽优美，行文十分流畅。

抗日战争期间，在四川李庄，梁思成和林徽因全家过着极其艰苦的日子。战争使得物价飞涨、通货膨胀，他们的生活非常拮据。因为缺乏必要的营养，疾病也得不到及时治疗，林徽因的病情急剧恶化，肺部几乎成了空洞。她还经常吐血，以致形销骨立，终日缠绵于病榻。即使这样，林徽因依然帮助梁思成整理有关建筑史的资料，做了大量的读书笔记，而且做了许多书稿校阅工作。

那些年，梁思成在家庭中一直充当着护士和保姆的双重角色。李庄的苦难日子使他们全家的生活陷入窘困，梁思成本就微薄的薪水还时常贬值，难以维持生活。没办法，他便把家里稍稍值钱一点儿的衣物、手表、钢笔等都拿去典当了，想办法弄点儿营养品和药品。为了让林徽因和孩子们吃上较为可口的饭菜，他还掌握了一手不错的烹调技艺。

1947 年 9 月，梁思成结束在美国的考察回到北平时，医生正建议林徽因赶紧做肾脏切除手术。当时林徽因的一个肾脏已经严重感染，必须进行手术治疗，但她又不断发着低烧，手术只能一直推延。她的肺结核已使她呼吸困难，以致不得不考虑稍稍用一些医用麻醉品来减轻痛苦。

到了这年的 12 月，林徽因终于做了肾脏切除手术。梁思成又致信费慰梅，请她设法从美国寄来一些治疗肺结核的特效药——链霉素。这样，林徽因的病情逐渐得到了控制，体力也稍稍恢复了一些，但她仍然不能起床。

梁思成回国后，一方面要筹备清华大学建筑系的工作，另一方面要照看病重的妻子，继续充当护士和保姆的角色。他家居住的新林院教工宿舍，房屋高大，却没有暖气供应，冬天需要生大煤炉取暖。由于煤质不够好，炉子一不小心就会熄灭，梁思成得小心伺候炉子，以保证室内的温度，因为室温会直接影响林徽因的健康。梁思成不敢轻易让别人做这件事，每个程序他都要亲自操作。此外，他每天还要定时为林徽因注射各种药液，并精心为她配餐。为了使林徽因坐得舒服些，梁思成特意为她买了一个可以调节角度的靠垫，还为她装了一个可活动的读写架，又配了一个放大镜、一台录音机，这些物品给病床上的林徽因带来了安慰，也丰富了她的生活。使林徽因特别高兴的是，梁思成买了一辆小汽车，这样她可以轻松地坐车出去访友。由于梁思成的细心照料，在重庆已被医生宣判了“死刑”的林徽因顽强地生存了下来，并且以极大的热情参与了新中国

的建设工作。

战乱、疾病和贫困始终不曾压倒这对坚强的夫妇，梁思成和林徽因依然保持着乐观、开朗的天性，回到北京以后，他们位于清华大学新林院 8 号的家仍旧是朋友们常常聚会的场所，那里依旧充满欢声笑语。

痛失爱侣林徽因

1955 年 3 月的一天，林徽因突然发起高烧，并且连续几天高烧不退，肺部开始大面积感染，医院组织抢救小组全力进行治疗，可最终没能挽回她的生命。1955 年 4 月 1 日，林徽因仙逝而去，年仅五十一岁。她美丽的生命犹如天边的一道彩虹，绚丽多彩，却倏忽消逝了，这令所有爱她的人都痛心不已。

林徽因去世时，梁思成也因心力交瘁而病倒了。林徽因的病逝使他悲痛万分，他永远地失去了一位事业上的知己和生活中相濡以沫的伴侣。

在追悼会上，金岳霖为林徽因亲书一副挽联：一身诗意千寻瀑，万古人间四月天。它是林徽因美丽人生的真实写照。

林徽因的遗体被安葬在八宝山革命公墓，梁思成亲自为爱妻设计了墓体。

多年以后，梁思成回忆起他和林徽因在一起的生活，对自己的妻子有过一段评价，他说："林徽因是个很特别的人，她的才华是多方面的。不管是文学、艺术、建筑乃至哲学她都有很深的修养。她能作为一个严谨的科学工作者，和我一同到村野僻壤去调查古建筑，测量平面和爬梁上柱，做精确的分析比

较；又能和徐志摩一起，用英语探讨英国古典文学或我国新诗创作。她具有哲学家的思维和高度概括事物的能力。所以做她的丈夫很不容易。……我不否认和林徽因在一起有时很累，因为她的思想太活跃，和她在一起必须和她同样地反应敏捷才行，不然就跟不上她。”

除了做研究工作，梁思成大半生都在教学岗位上奋斗。从清华大学设立建筑系之初，他就一直担任系主任。他有很多社会兼职，还有大量的研究工作要做，但他坚持亲自给学生授课。他认为中国急需建筑人才，因此必须培养一批高素质的建筑师。

梁思成非常重视对学生进行专业教育。一年级学生的建筑概论课必定由他亲授。学生们对建筑学科的认识和对建筑专业的热爱都是从建筑概论课开始的。

他在东北大学时的学生张翔回忆说：

“先生虽然个头不大，但两眼炯炯有神，而且带着对建筑学专业的无比热爱和自信，给人以很大的感染力。先生的第一句话就说‘建筑是什么？它是人类文化的历史，是人类文化的记录者，它反映时代的步伐和精神。’最后他总结说，‘一切工程离不开建筑，任何一项建设，建筑必须先行，建筑是工程之王。’”

张翔本来想学电机专业，当一名电机工程师，他报考东北大学时，电机系名额已满，只好改上当时新开的建筑系，准备暑假后再转入电机系。听了梁思成的课，他对建筑学产生了兴趣，于是下决心要学好建筑，不再转系了。张翔后来果真成了一名著名的建筑师。

梁思成的课使学生们认识到建筑这门学科的重要性和科学性，而不再简单地把建筑混同于土木工程。

梁思成经常告诫学生："希望你们喜欢自己的职业，建筑创作要有激情，就像画家一样，一张好的作品，得有那么一种激情，否则这张画在技巧上不论多高明也是只有匠气，而无灵气。同样建筑师不是把一些东西堆砌起来，画出来。建筑师得有想法，有立意，创作在其中，有激情在里面，才能满怀热情地去做。不要挑挑拣拣的，认真对待每一件工作，你才能体会到，你是一个很可爱的建筑师，这个职业是个很好的职业。一定要把感情放进去……"

梁思成讲课很有特色，他学养深厚、知识广博，讲起课来旁征博引、形象生动，能把很艰涩、枯燥的学术名词讲得通俗易懂，课堂气氛也生动活泼。

学生沈三陵回忆起听梁思成讲授建筑学概论课的情景时，说道：

"先生的第一句话说，不满十八岁的同学请站起来，呼啦一下站起了约 1/3 的同学。先生温和地笑了笑说果然你们是年龄最小的一个班。于是他转身在黑板上只一笔就勾画出了一只可爱的小狗，问我们这是什么？我们说是狗。他又在黑板上画了个与狗同等大小的小屋，问我们这是什么？我们说是狗窝。他点了点头，又在狗的旁边画了一个大的房子问我们这是什么？我们说是房子。先生笑了，在黑板上写上'尺度'两个字，然后说这就是尺度。……现在我也是教师了，感到给初学的同学讲清'尺度'的概念颇费口舌，但先生当年那么简单生动地帮我们了解了什么是'尺度'，这一课我真是一辈子也忘不了。……一次他画了一个小婴儿和一个成年人，然后又在成年人旁画了一个和成年人同等大小的婴儿，问我们这两个谁是大人谁是小孩，我们回答了，他说这就叫'比例'。建筑也和人一样，各种建筑有自己的特点和比例，如果尺度弄不好，让人看起来像个拔高了的小孩或缩小的大人，会很不舒服。"

关肇邺当年也是梁思成的学生。他回忆道："1948 年春我在燕京大学理学院读一年级。一天，校长邀请刚由美国参加联合国总部设计回国的梁先生来校做学术讲演。我因仰慕先生的名气，也去听了。那次讲的题目是'中国建筑的特征'。这个题目，对于一个学理科的学生本不易引起太大的兴趣，但我却深深地被先生那渊博的学识和学者风度所折服。特别是先生以大量的事实，论述了‘建筑是一面镜子，它忠实地反映着一定社会的政治、经济、思想文化’。会后许多进步学生均赞扬他的观点与他们偷偷学习的历史唯物主义原理相吻合，这更加深了我对先生的钦敬，并暗暗决心转到清华去学建筑。在那年清华校庆节时，我到旧水利馆楼上那狭窄的建筑系馆去参观，看到建筑系所学的内容和涉及的各种学科领域后，更加坚定了学建筑的决心。虽然清华不承认我一年的学历，要重新报考一年级，我还是转了学。

“开学之际，我第一次见到梁先生，他第一句话对我说，‘祝贺你是今年考进的唯一新生，希望你能学好。’原来那一年我们同年级十多人，全部是清华其他系的学生因对建筑有兴趣而放弃原来专业转来的或是由清华‘先修班’来的，正式考入的只我一人。接着先生便把这十来个一年级的学生都找来，简要地说明了建筑学的内容，最后说，‘你们要仔细考虑好，愿不愿学这样的学科，若不合意，现在转走还来得及。’并着重对我说，‘特别是新来到清华的你。’我连忙说，‘我认真想过了，我愿意。’先生是深感不少人因对建筑学的误解而投错了门，白白浪费了时间，因而在开学之初提出警告。

“我正式听过先生讲的课有西洋建筑史、建筑设计原理和中国绘塑史三门。课时不多，但给我的印象很深刻。常说好的教师若倒给学生一杯水，自己要有一桶。但我感到对先生，至少应说是一大缸。他在讲课中时时涉及有关联的外围领域和中外历史、语言、艺术、书法、音乐、佛教哲学、工程技术、城市规划等。我们学生不多，大家围坐一桌，先生娓娓而谈，如谈家常，如数家珍，大家无不被那极高的文化艺术素养所感染。先生所讲到的内容，这些人类创造的文化结晶，大部分不只是来源于书本，而是经过先生的亲自观察、细心揣摩，有的是亲手测绘摹写甚至是他第一个发现论证的，是真正兼有丰富的感性和理性认识的。由于学贯古今，兼通中西，所以旁征博引，一件事物可以和不同时代、不同地域、不同文化背景的相应事物进行比较分析，从而使学生加深理解，印象深刻。

“先生有极深厚的功底，这对我们更是最有影响力的样板。记得在建筑史课里，当先生讲到罗曼（指罗马）建筑如何发展成为哥特式的，他边讲边画，从如何减薄了墙壁，出现了大窗，到如何加强壁柱，出现了扶壁、飞扶壁，如何加上小尖塔、吐水兽以及如何拉长了柱子，调整了比例，出现了筋肋和各种装饰，短短十多分钟功夫，把哥特建筑形象的来龙去脉讲得一清二楚，同时黑板上也一步步地出现了一个极完整、极准确、极精美的哥特教堂剖面图和天花板仰视图。从大的间架比例到细部装饰，无不惟妙惟肖。这堂课给我的印象实在太深了，真是终生难忘！

“但是使我们得益更多的，还是在课外各种场合的接触中所给予的影响。先生对社会主义祖国的热爱，对民族文化的深厚感情，他严谨的学风、严格的工作、科学的方法，以及对青年学生的爱护培养等，无不给我深刻的感染，时时成为无言的教诲。”

我国著名的建筑师张镈是梁思成在东北大学时的学生。他说，有一次交作业时，他把插图的四角加上压片的三角。梁思成看后一方面肯定了他的努力，同时又在三角旁眉批“费而不惠”四个字。张镈说：“这四个字对我一生的发展起了极大的影响。”

张镈还说：“梁公当时只有二十七岁，却已经学问渊博。梁公讲课的一个大特点是高度的‘视觉化’，每讲到一个实例都要在黑板上准确地把建筑的平、立、断面画出来。”梁思成曾对他的助教胡允敬说：“别看我在黑板上画得这样熟练，在讲课前，不知默画了多少次呢。”

张镈说，梁思成讲课善于用比喻来帮助学生理解和记忆。

他讲授中国建筑史时，常常用阿拉伯少女的面纱来形容我国古建筑中回廊和竹篱的作用，这有助于唤起学生对中国建筑之美的认识及对设计手法的理解。他还喜欢从中西文化的差异来讲建筑史。他在讲西方建筑史时，把雅典卫城中神庙的女神柱廊上的女神雕像和我国古建筑中的力士雕像对比。他在讲台上像演员一样，自己做了一个悠闲自若、亭亭玉立的少女姿态，然后又做了一个骑马蹲裆式、咬牙切齿举千钧的姿态，引得哄堂大笑，给学生们留下了极深的印象。

梁思成的学生费麟说："先生讲课没有什么大道理，深入浅出，以小见大，且极富幽默感，但你仔细琢磨起来就感到内容丰富。记得 1958 年设计国庆工程时，他曾来辅导，他从不直说谁的方案怎样怎样，而总是仔细地把每个人的图都看一遍，然后很快地总结出设计中的几种现象。比如我们在设计人大会堂方案时，先生来评图，他看了每个人的图，然后把大家找到一起说出设计中几种现象'中而新''中而古''西而新''西而古'，这是设计的立意。自己听了觉得很有道理。然后先生又谈到某些具体手法，那时我才注意到建筑立面檐口的手法。……那一次先生还专门和我们谈了彩画，他很忙，没有准备，但随手拿起彩色笔来告诉我们说，颜色不能随便乱用。

他很简洁地勾出几个中国梁枋的彩画图案，边画边告诉我们怎样用红，怎样用绿，暗的地方反而要用点红的，只几笔几句话，就把中国彩画的精华说清楚。这一次的评图辅导给我的印象极深刻，突出地感到先生学问的渊博。”

学生李道增对老师梁思成有这样一段评价：“无论在什么场合，只要梁思成一说话，大家都自然屏息聆听，他的即兴讲话，从来都十分生动、风趣，从不干巴巴。旁征博引，妙趣横生，譬喻典故还来得多，间而引得哄堂大笑，笑过之后，发人深省。他的确是位艺术家，讲话的‘形象感’特强，情理交融，能以情感人，以理服人。他的‘理’闪耀着知识与智慧的光辉，他的‘情’又像一团火一般的‘热’。

“讲话如此，讲课也如此。为了提高我们的理论素养、文化修养，他亲自给我们讲四门课：设计原理、西方建筑史、中国建筑史和中国绘塑史。同学们都爱听他的课，没人打瞌睡。他给我们看他学生时代学建筑史的英文与德文笔记以及建筑史钢笔画插图，简直一笔不苟，功夫真是到家了，令我们赞叹不已，顿感需要发奋像他那样下苦功夫。他不但外文那么流利，中文与古文功底深厚，文章写得漂亮，思维的逻辑性与用语言创造形象的能力，恐怕是建筑界同时代与后来者鲜有能赶得上的。”

在学生的眼中，梁思成是一位和蔼可亲的长者，他不仅教学生们学习专业知识，也教他们做人的道理。他对待学生就像对待自己的孩子一样。

有一件事令清华大学建筑系61届的学生们不能忘怀。1955年，这批学生刚到学校报到，学校还没有正式上课，他们便一起到颐和园去玩耍。当他们走到谐趣园时，发现有一位先生正静静地坐在那里聚精会神地画水彩画。有一个同学开口说道："这老头儿画得不错！"这位先生回过头来看到这群年轻人胸前佩戴着清华大学的校徽，便笑着问："你们是新同学？"

当他得知这些学生是建筑系的新生后，惊喜地抬起头笑着说："建筑系的学生入学要加试美术的，这么说你们全是呱呱叫的小画家了。"

他又问："见过你们的系主任了吗？"

学生们答："还没有。"

画完了水彩画，这位先生请这些学生到他家里去玩，还拿出糖果点心招待他们。先生和他们一起玩丢手绢的游戏，按规则，手绢落到谁处，谁就要站起来报名字，有几次手绢落到先生处，他报了"梁思成"，可学生们还不知道梁思成是谁。直

到开学典礼这一天，系主任梁思成上台对新同学讲话，这些学生才恍然大悟，原来和他们一起玩耍的老头儿竟是他们的系主任。

梁思成不仅传授给学生书本知识，更注意教会他们治学方法。有一次他把一些唐代佛像的绘画展开，又展开了几张魏碑的拓片，他对学生们说："今天我不给你们讲，请你们用眼睛看，看看唐代的佛像和魏碑字的味道有什么不一样，你们不用说，因为这个感觉是说不出来的。但是你们要仔细看，来回来去地看。以后我再给你们看其他作品，让你们来鉴别，你们就能看出来其中的不同。这没有公式可求，只是一种感觉。"过了几天，他果真又拿出了几张佛像来让学生们鉴别。有学生说感到很有魏碑的味道。他笑了，说："对了，你有感觉，你将来去看建筑的时候，就能有时代感，看出它是否是早期的建筑。建筑是文化的记录，是历史，它反映时代的步伐。有些同学对建筑历史缺乏正确的认识，以为搞建筑史的都是些老头儿。这是不对的，搞建筑史的人绝不能是那些老学究。这就像中医大夫一样，人们往往以为中医都是带长胡子的老头儿，却不知道相当多的中医大夫要会武术、推拿，范畴很宽的。建筑史今天真正需要的人才，是要很活跃的，有充沛的体力，会动脑子，有研究才能，能把问题搞清楚的人。绝不是别人把一件古董摆在你面前，让你坐在那儿，慢慢地去品味它，不是这样的。研究建筑史的人，要能敏锐地区别时代的艺术特点，能感到历史的步伐。”

有一次梁思成给学生做学术报告，讲授“魏晋南北朝的佛像雕塑”。那天他带了几件雕像去，讲完以后又让学生们传阅，他告诉学生们，只看不行，还要去摸一摸，体会一下它那线条的流畅回转与变化。费麟回忆说：“这次讲座使我深切地体会到先生在雕塑方面的造诣很深很深。有些事是无法言传的，而是要学生自己去体会，去琢磨，这对一个教师来说很重要。教师不仅是教你知识，而是教你怎样去获取知识，梁先生更是能够启发学生进入深一层的思考与探索。他教书教人，他给我们的启发，使你终生受用不尽。”

梁友松是梁思成的第一个研究生，他在 1953 年到 1956 年期间直接受教于梁思成，他说：“从先生那里与其说是学到很多具体的知识，还不如说是学习他的治学态度和方法。这在我一生的工作和学习中受用不尽。我作为他的研究生第一次去拜访他时他对我说：你们现在有如小鸟，过去是老鸟到外边捉了虫来喂你们，现在不能这样了，现在该教你们学会捉虫子的本事，你们的羽毛已经丰满，不能老等着吃现成的。这个比喻很生动，其实大学里已经开始了这个学捉虫子的过程，不过没有那么自觉罢了。从此，我看书时不那么囫囵吞枣了，开始注意序言、章节的安排，书后的参考书目，从这里出发可以扩大知识来源。我有时看书是什么都看，想学提琴，上音乐室听乐理课，看小说，看美术史，沉湎在系里举办的常书鸿敦煌壁画展，看 FORUM 杂志，看毕加索和达里的画册，被同学们取笑为走火入魔的杂学家。我现在不后悔，仍觉得这些时间花得不冤，使自己也站在该著作者同一个出发点上。同时也改变了对铅印字的敬畏之感，印成书的未必都是真理，也学会了从圣贤学者和

智者的著作中认识他们，接受他们的智慧光照，从而看到自己的贫乏和无知。”

梁思成还注重培养学生严谨的治学作风，他经常逐句修改研究生的论文，从学术内容到错别字和标点符号都一丝不苟。上绘图课时，他甚至会教学生怎样削铅笔，怎样握笔和画线，要求学生制图要清楚、尺寸要准确。而他自己对于古今中外著名的建筑，不仅能准确勾画出它们的形状，而且能记住建筑的

具体年代。他以自己的一举一动给学生们树立起一个榜样，激励着学生们刻苦学习。

梁思成为中国培养了一大批优秀的建筑人才。学生们从他那里学习到了孜孜不倦地追求知识的精神，和对祖国、对党的热爱和信赖，以及身处逆境时的泰然自若。

学生梁友松说："我以为梁先生对我的教诲中最使我受益的乃是要有自己的观点，在同样的原始基础材料上，不同的人有不同的见解，所谓见仁见智之不一。但最不可取的乃是罗列獭祭，鹦鹉学舌，拾人唾余的做法。……我还一直保有追求真理和良知的执著，在缧绁中也未消沉过。如果这也算是清华的学风，那就让它留着吧！"

"追求真理和良知的执著"是梁思成留给他的学生们的宝贵的精神财富，也应当为后世学子所铭记。

像梁思成这样在科学道路上不断探索的先驱者们，他们的思想和智慧的光芒必将照耀着一代又一代人，激励后人继续努力。我们要沿着先辈的足迹，去完成他们未竟的事业，用知识报国，把我们的祖国建设得更加繁荣富强。